U0932921

离开公司
你什么都不是

·精装典藏版·

赵强◎著

浙江工商大學出版社
ZHEJIANG GONGSHANG UNIVERSITY PRESS

图书在版编目（CIP）数据

离开公司你什么都不是：精装典藏版 / 赵强著 . —
杭州：浙江工商大学出版社，2018.12
ISBN 978-7-5178-2974-4

Ⅰ . ①离… Ⅱ . ①赵… Ⅲ . ①企业—职工—修养
Ⅳ . ① F272.92

中国版本图书馆 CIP 数据核字 (2018) 第 233345 号

离开公司你什么都不是：精装典藏版
赵　强　著

责任编辑　谭娟娟
封面设计　零创意文化
责任印刷　包建辉
出版发行　浙江工商大学出版社
（杭州市教工路 198 号　邮政编码 310012）
（E-mail:zjgsupress@163.com）
（网址 :http://www.zjgsupress.com）
电　　话　0571-88904980　88831806（传真）
排　　版　程海林
印　　刷　北京旭丰源印刷技术有限公司
开　　本　880mm × 1230mm　1/32
印　　张　6.5
字　　数　92 千
版 印 次　2018 年 12 月第 1 版　2018 年 12 月第 1 次印刷
书　　号　ISBN 978-7-5178-2974-4
定　　价　49.80 元

浙江工商大学出版社营销部邮购电话 0571-88804228

再版序

为什么书还要做再版？

其一，我做咨询和授课的时候，只能影响一部分人，但是我把我的想法写成书，编辑出版，再发行出去，就多了百十万人听我讲了，而且书的价格总是比去现场听课便宜的。《老板凭啥提拔你》和《离开公司你什么都不是》就是在这样的想法之下出来的。这两本书自出版以来，一直受到广大读者的喜爱。虽然对书名有很多异议，有的说太偏激，有的说太夸大公司这个平台的作用，但是大家对内容都没有什么不满的地方。不过大家看过了，书也就逐渐消失在书店，但是再版，可以让这两本书又增加不少销量，让数以十万计的人再去读书，这两本书的价值就又增加了。

其二，如今几年时间过去了，再看两本书里面的内容，我没想到自己还能“大言不惭”地说，还好，还没有过时。因为职场升迁的本质是不变的，公司平台的本质是不变的，作为员工，大家努力提升自我，全力以赴去争取，就能得到正常的升迁。虽然提升自己的道路可能会有变化，从一条变成 N 条，从弯路变成直道，但是最终的目的地是没有变化的。

由于职业的原因，我经常给很多企业做培训咨询工作，很多员工会私下悄悄问：在本公司升迁无望，工资太低，要不要跳槽？或者公司对员工很苛刻，一点人性都没有，要不要跳槽？遇到这种问题，我总是先问：你在这家公司的这段时间，学到什么东西了吗？如果什么都没学到，岂不是白待了这么久，浪费了时间？

我建议他们先静下心来，深入钻研业务，把行业知识摸透了再辞职也不迟。那些听了我的话，不去管工资高低或者升不升迁，而是踏踏实实工作的人，基本都得到了很好的发展，因为他们在努力工作的时候，渐渐明白，工作是为自己做的，公司这个平台是不能随随便便就放弃的。

人生的每个阶段，都像一道选择题。一个人的职业生涯，会遇到各种各样的选择题，选对了，平步青云；选错了，就得多走些弯路。选择是占很大一部分。就拿我来说吧，在 20 多年的职业生涯中，我从新闻记者成长为中国快消品一线的“前敌总指挥”，经历了大大小小几十场商战。作为“幕后操盘手”的我，从营销副总经理，营销总经理，到台前的掌舵者，董事长，都是职场选择和奋斗的结果。

多年的经验教训告诉我，我们每个人要把自己当作公司来经营。每一个人都是一家公司，你就是以你的姓名冠名的公司，这就是你最大的平台和战场，如果你认清楚了，那你就知道，我为什么说离开公司你什么都不是了！

职场升迁是属于强者的游戏，而强者和弱者的区别则是：前者自信并马上行动，后者等待而贻误战机。我们看到许多人每天都生活在纠结中：该不该向喜欢的女孩表白？要不要给大客户打电话？需不需要把自己的想法告诉上司？能不能在这个平台上跃迁？我们是被选择所困扰吗？不，我们是被选择前的等待扰乱了心性！机会会溜走，光阴会虚度，等待会导致错过，成功在等待中渐行渐远；为什么不马上行动？为什么不奋力争取呢？

老板提拔的，永远是把公司当家的人，把公司当平台的人，把平台当作自己的人，也就是我说的，每一个人都是一家公司，我们不过是在大平台上经营好自己的小公司罢了。一切的职场升迁都是来自这个初心。说你离开了公司，离开了平台，什么都不是，也是把这个观念作为起点和出发点来说的！因为，这是看清职场、悟透人性的终极答案。

所以，无论是《老板凭啥提拔你》还是《离开公司你什么都不是》，我想告诉大家的都是：我们要不忘初心，珍惜公司和平台给自己的机会，马上付诸行动！

推荐序

有一种力量叫遇见赵强

“众里寻他千百度，蓦然回首，那人却在，灯火阑珊处。”每每回味这诗句，都感受到那美妙的意境。把这样的诗句赠予赵强老师，恰如其分。

他从记者到策划人，从职业经理人再到企业家，每一次都是华丽转身。无论是在格兰仕、婷美，还是在名人……他都是战绩辉煌，让人不得不钦佩。而在我们一起将鼎智汇海打造成培训行业黑马的过程，让我亲身感受并学习到他如此成功的奥秘。

无论进入什么领域，他总能拨开层层迷雾，找到一两个最核心的致胜关键点，然后在关键点上下功夫——四两拨千斤，总能取得让人意想不到的成绩。

他愿意弯下腰来扎扎实实地去做最重要的工作，而不管曾经拥有过多少让人瞩目的成就。

如果前者让人佩服，那么后者就让人不由得肃然起敬。全国各地的企业家学员们每次听完赵强老师的课程分享后，都会发自肺腑地评价：实战，实用！并不时地从心底发出“原来如此”的感慨。

有一种力量是遇见赵强，有一种幸运是你正在读赵老师的《离开公司你什么都不是》。无论是在信念上还是在方法上，它会让你获益颇丰，并生长出一种力量，让你的内心越来越强大！

如果你是老板，你看后会不由得点头：太对了，这正是我人生有所成就的原因，我就是这样做的。然后你愿意几十本、几百本甚至上千本地买来送给员工，送给团队成员，因为你发自真心地渴望他们也能成功。

如果你是职业经理人，你更应该感到幸运，因为你读此书是在此刻，而不是在下一刻。这是一本职场的生存指南，更是人生的成长智慧，越早知道越好，它会让你少走弯路。花两三天来阅读这本书，便可以让你少摸索两三年甚至更长的时间。

有一种力量是遇见赵强。

有一本好书叫《离开公司你什么都不是》。

王晓芳
鼎智汇海集团总裁

前言

把自己当作公司经营

1996 年，我出版了自己的第一本商战小说《找不着北》，并在 1998 年由著名导演滕文骥执导改编成了 20 集的同名电视连续剧，云集了王志文、王琳、李琦、杨立新和罗中旭等大腕儿。这部电视剧迅速风靡大江南北，创造了很多收视纪录，小说也畅销一时。

小说的畅销是我始料不及的，“找不着北”迅速成为一句流行语。一些评论家认为，这句话触动了当代人浮躁、冲动、盲目而荒芜的心灵：我们都在慌不择路地行走着，追名逐利，自以为是，总以为一生追求的幸福就在不远处，对身边的人和事漠然处之；生活似乎有目标，却又掌控不了自己，就像一只断了线的风筝，不知要飘向何方。

事实上，“找不着北”就是不会经营自己人生的结果！

每一个人都是一家公司，你我的“人生公司”大多不足百年。你就是以你的姓名冠名的“人生有限责任公司”的董事长。

每家“公司”的注册资金都不同，有的人在出生时“公司”就被注入了上千万元甚至上亿元的资金，而大多数人的起点差不多，都需要自己辛苦创业。

每个人的经营结果也不一样。绝大多数的人只是小本经营，得过且过，小富即安，没有危机意识，没有市场意识，不懂经营管理，要么吃老本儿，要么盲目扩张，以致年轻的时候业绩平平，中年时亏损，老年时更是惨淡经营。有的人投机心理严重，总想一夜暴富，为了达到目的突破人性底线，不择手段。这样的“人生公司”没有文化做基础，没有价值做支撑，运气好的，可能会暂时赢得想要的一切，但是从整个人生来看，失去的永远要比得到的多。曾经拥有，最终也会失去；曾经没有，最后则会更穷。所以，大公司可以衰落成小公司甚至破产，小公司也可以做成大公司，关键看你怎么经营。

我觉得，人生的经营大致取决于三大系统：一是观念系统，它决定着你看什么、想什么，你的人生观是什么，等等；其次是价值系统，它决定着你怎么看、怎么选，你认为什么是有价值的、怎样做才有价值，等等；最后是能力系统，它决定着你看到了、想到了之后能不能做到，有没有能力实现自己的人生构想（图 1）。

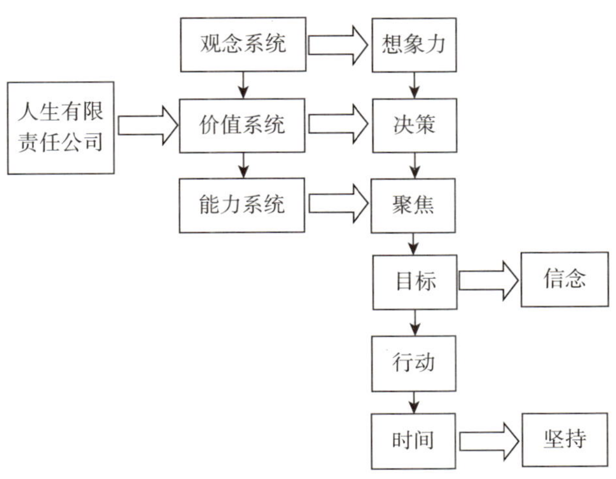

图 1　人生的经营取决于三大系统

具体来说，在决定人生经营的三大系统中，包括六个步骤。

第一步是想象力。

爱因斯坦曾说："想象力比知识更重要，因为知识是有限的，而想象力概括着世界上的一切，推动着进步，并且是知识进化的源泉。"很多时候，成功的人生与失败的人生之间只是一念之差，而这一念之差实际上就是人的想象力之差。

很多人不成功，是因为他们想象不出成功后的结果是什么，想象不出二三十年后自己会成为什么样的人。

第二步是决策。

在人生的经营中，我们经常会面临各种各样的选择，这时候做出一个聪明的决策是非常重要的。

美国管理协会曾根据调查指出，聪明的决策者有九个必要的特质：

一是难得糊涂，即在能控制的范围内，对细节有高度的容忍性。

二是精于排定优先级，知道什么时候该做什么事。

三是拥有很好的倾听能力，能广泛地获取所需的信息，做出正确的决策。

四是能建立自己的团队，既有支持者来宣传，也有拥护者来协助推行和实践。

五是胸怀开放，不先入为主，也不过度依赖以往的经验来判断是非。

六是保持弹性，可容许不太完美的决定以换取未来发展的空间。

七是在“质化”与“量化”的统计信息中找到平衡点。

八是冷静面对充满热情的创意提案，重视执行的过程，尽一切努力避免失控。

九是绝不盲从，不怀有“他可以，我也可以”的心态。

这九条决策者必要的特质同样适用于我们的人生中。

第三步是聚焦。

人生是需要规划的，一旦做出了选择和决策，就要集中精力，专注地做自己擅长的事情。

在历史上著名的列宁格勒保卫战中，德军的指挥官们舍弃了他们擅长的机械化作战形式的野战而与苏军进行巷战。难道德军的将领看不出他们的士兵在巷战中会将优势丧失殆尽吗？当然不是。只是在德军将领的眼里，德军占有绝对的优势，只要再多投入一个师，哪怕是一个团，这场仗就能胜利结束。然而，当他们真正投入了一个师或一个团以后，这些部队却很快就被苏军歼灭了。德军既担心过多的损失，又想尽快拿下列宁格勒，结果一次次微不足道的投入反而使德军遭受了最大的消耗。

人生也是如此，许多人的失败不是因为机会太少，而是因为机会太多、选择太多。当事情做到 80% 的时候，又看到了别的目标，然后重新选择，最后总是很难成功。

人生需要聚焦。很多人一生挖了很多坑，浅尝辄止，却总也挖不到水；有些人“掘地求泉”，把一个坑挖到底，直到挖成一口井。

我们都知道，将太阳光聚集到一个点，当能量变得足够大时，就可以让纸燃烧起来。当我们把所有的精力聚集到一个点，能量发挥到极致时，我们也就离成功不远了。

第四步是目标。

在我上大学的时候，班里有很多同学入学分数特别高，聪明才智都是百里挑一的，但是这么多年后回头再看，我发现大学期间特别优秀的人或先有成就的人现在基本都碌碌无为。他们失去了什么呢？我认为他们失去的是目标。比如说，有的学生来自农村，上中学的时候目标很明确——考大学，因为现实情况是如果考不上大学，一辈子就只能待在田间地头了。但是，他们一旦考上了大学，分配了好单位之后，就再也没有目标了，后面的人生一路下来就很平淡。成功的人往往都会不断地设定阶段性的目标和长远的目标。为一个目标而努力，这是成功的一个重要元素。

1984 年，在东京国际马拉松邀请赛上，名不见经传的日本选手山田本一出人意料地夺得了冠军。当记者问他凭什么取得如此惊人的成绩时，他说："凭智慧战胜对手。"对于这句话，他在自传里如此解释："每次比赛时，我都要乘车把比赛线路仔细看一遍，并把沿途比较醒目的标志画下来，比如第一个标志是银行，第二个标志是一棵大树，第三个标志是一座红房子……这样一直画到赛程的终点。比赛开始后，我以百米冲刺的速度奋力地向第一个目标冲去；等到达第一个目标后，我又以同样的速度向第二个目标冲去……40 多公里的赛程，就这样被我分解成几个小目标而轻松地跑完了。起初，我不懂这样的道理，我把目标定在 40 多公里外终点线的那面旗帜上，结果我刚跑十几公里就疲惫不堪了，我被前面那段遥远的路程吓倒了。”

目标是心灵的“加油站”，它能不断地为你的心灵输送能量，直到终点。很多人是没有目标的，或者在某一个阶段有，过后就没有了。没有目标的人生就像是一场荒谬的“裸奔”。没有目标，一根稻草都能压断腰。

第五步是行动。

目标一定要有“事”做支撑，要把目标落实到具体的事情上，并且去完成它。完成这些“事”的过程就是行动。

成功学在讲到人生激励时，强调五个关键的步骤：

一是强烈的梦想。

二是明晰的目标。

三是可行的计划。

四是持续的行动。

五是坚定的信念。

这五个步骤的梳理非常有道理，如果都能做到，成功是一定能实现的。

成功是有周期性的，行动不是一两次就能奏效的，要奔着目标持续地努力。在行动的过程中，一定要不断地改变自己、突破自己，也就是要不断地突破自己以前的或上一个目标阶段的舒适期，让自己变得“不舒服”。人都是有惰性的，玩乐或者消耗阶段性目标的成果是最舒服、最自然的状态，但是这种阶段性的享受终究会耽误下一个阶段性目标乃至长远目标的实现。

很多人在行动中总会与目标产生“阶段性偏离”，不断地树立新目标，但又很难坚持下去，不够执着，总是受到外在的诱惑，想同时、同步做许多件事情。这样的做法很难有大的成果。成功者和失败者的最大区别就在于前者能够“孤注一掷”。

第六步是时间。

经营你的时间，你的生命才有价值。经营时间的关键在于信念和坚持。

英国前首相丘吉尔生命中的最后一次演讲是在一所大学的结业典礼上。演讲的全过程持续了十几分钟，但他只讲了两句话。当时，丘吉尔在助手的搀扶下慢慢地走上讲台，扫视一番台下黑压压的人群，然后用苍老的声音说："坚持到底，绝不放弃！"台下的学子们静静地等待着这位伟人精彩的下文。足足几分钟过后，又响起了丘吉尔那苍老的声音："坚持到底，绝不放弃！"此时，会场就像凝固了一般，人们继续等待着这位伟人的精彩下文。只见丘吉尔缓缓地走下讲台，离开礼堂，上了汽车，渐渐地消失在人们的视线之外。然后主持人宣布："今天的演讲到此结束！"片刻之后，台下猛然爆发出雷鸣般的掌声……

丘吉尔没有用更多的言语，而是用自己一生的丰功伟绩告诉人们：成功的过程虽然各不相同，但最重要的是坚持到底，绝不放弃自己的目标。如果没有坚持到底、绝不放弃的精神，"二战"中的英国早就在德军的铁蹄下变为焦土了。

在经营人生的过程中，很多事情做了不一定成功，但如果不做，就会永远失去成功的可能性。所以，要坚持做下去，哪怕一点点的改变，也可能成为通向成功的关键一步，而你所需要的只是时间。

“人生有限责任公司”只是一个比喻的说法，真正的个人发展永远脱离不了个人与所就职公司之间的关系。在现代商业社会中，普通人都要上班，且多数是到公司上班，直到退休为止。在公司工作，占据了人生 1/3 的时间！

在公司工作是赚钱的正途，是发展的大道。正是在公司这个舞台上，我们才能一步步展开自己的职业生涯，走向成功，走向辉煌。公司锻炼了我们的专业化能力，给予了我们大展拳脚的机会，而我们也在充分利用这些机会发展自己。

“人生有限责任公司”的经营离不开公司这个大背景。做个职业化的员工，与公司一起成长，才能使自己获得成功；脱离了公司，或者错误地理解员工与公司之间的关系，会导致我们“找不着北”。

“北”是什么？“北”是望，是信，是爱。心想是“望”，相信是“信”，而行动则是“爱”。你对事业越投入，你的收获就会越大。大多数不成功的人都是缺乏行动力的。这个世界给你回报不是因为你知道多少，而是因为你做了多少。在我们与公司的关系中，道理同样如此。

这就像我国领导人习近平所提出的那样：“幸福是奋斗出来的。”一切都需要我们去做出来才行！而在 2018 年 9 月 27 日习近平对民营企业的视察中，他强调：“改革开放以来，党中央一直关心支持爱护民营企业。我们毫不动摇地发展公有制经济，也毫不动摇地支持、保护、扶持民营经济发展、非公有制经济发展。”而人民群众永远是历史的缔造者，公司和企业则是大家进行奋斗和劳动创造的平台。

你在为谁工作

融入你的团队

把老板当自己的第一客户

用成绩说话

把忠诚放在第几位

执行没有借口

工作是一种态度

感恩是生命的大智慧

你在为谁工作

佛塔里的老鼠

热爱自己的公司

不要让薪水束缚自己

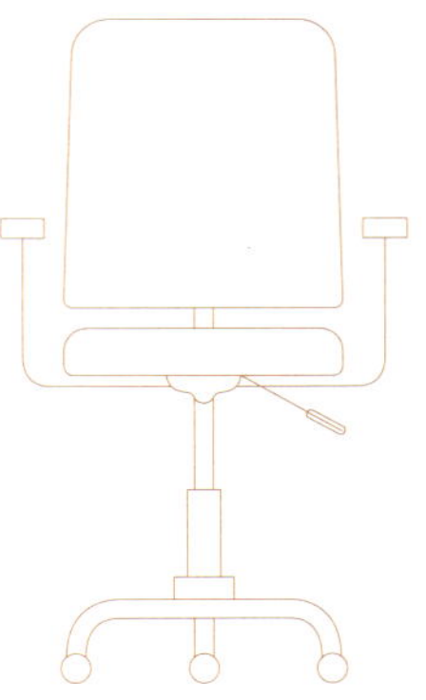

◎员工与公司之间的关系是什么？

有人说是利益关系，员工给公司工作，公司给员工发薪水；

有人说是合作关系，员工给公司创造利润，公司给员工提供福利；

有人说是共赢关系，员工给公司创造价值，公司给员工创造未来。

◎但是，优秀的员工一定会认识到：

我们给公司打工，却是在为自己工作；员工和公司之间的关系，永远是公司成就员工，而不是员工成就公司。

佛塔里的老鼠

我经常会听到一些牢骚满腹的员工抱怨：

“工资这么低，活儿却要干那么多，凭什么？”

“我为公司干活，公司付我薪水，这不过是一种利益交换。”

“工作就是为了拿薪水，拿多少钱就干多少活儿。”

“工作是为了公司，不是为了自己，干多干少无所谓，差不多就行。”

这种“我不过是在为公司打工”的想法很有代表性。在许多人看来，工作只是一种简单的雇佣关系，做多做少、做好做坏都一样。

我们到底是在为谁工作呢？作为员工，如果我们不把这个问题弄清楚，就很有可能导致职业生涯的失败。

我们先要认识到：一个人无论有多大本领，都不能靠一己之力成就一番事业，员工和公司之间的关系，永远是公司成就员工，而不是员工成就公司。

一只到处游荡的老鼠在佛塔顶上安了家。佛塔里的生活实在是幸福极了，它既可以在各层之间随意穿越，又可以享受到丰富的供品，甚至还享有别人无法想象的特权：那些不为人知的秘籍，它可以随意咀嚼；人们不敢正视的佛像，它可以在上面自由闲逛，兴起之时甚至可以在佛像头上留些排泄物。

每当善男信女烧香叩头的时候，这只老鼠总是看着那令人陶醉的、慢慢升起的烟气，然后猛抽着鼻子，心中暗笑："可笑的人类，膝盖竟然这样柔软，说跪就跪下了！"

有一天，一只饿极了的野猫闯了进来，一把将老鼠抓住。

"你不能吃我！你应该向我跪拜！我代表着佛！"这位"高贵的俘虏"抗议道。

“人们向你跪拜，只是因为你所占的位置，不是因为你！”野猫讥讽道。

然后，野猫像掰开一个汉堡包那样把老鼠撕成了两半。

这个寓言非常形象地说明了员工与公司之间的关系。员工就像“老鼠”，公司就像“佛塔”，**我们在社会上所获得的尊重，在很大程度上是因为我们背后的公司。**尤其是那些跨国公司或知名公司的员工乃至经理人，他们的名声、社会地位及荣耀其实都归功于他们背后的“佛塔”，公司的光芒照亮了他们的人生。

> 我工作，不仅仅是为了赚钱，我是在为自己的梦想打工，为自己的幸福和未来打工。

公司是员工学习的平台、发展的跳板，是员工实现理想的舞台，它为员工的发展铺平了道路。所以，我们应该感激公司给我们提供平台，保持良好的心态，做好本职工作。公司发展得越好，员工的收益就越大。

另外，我们要认识到：员工花的是公司的钱，成就的却是自己，看似在为公司打工，实际上是在为自己工作。

我有一个在一家大型贸易公司工作的朋友，他干了不到一年就想辞职。我问他：“这么好的工作为什么要辞掉呢？”

他说：“公司虽然名气挺大，但是实际工资不高，‘驴粪蛋子表面光’，而且老板整天一副你爱干不干的样子，对我也不太重视，这样下去能有什么前途呢？”

原来是这样。我对他说：“你的抱怨也有道理，但是以我的经验来看，一个人在刚刚进入一个公司的时候，工资一般都不会很高，你的薪水和公司对你的重视程度都是随着你的业绩提升而逐步增加的。找一个大公司的意义不在于每个月多挣几千块钱，而在于你能够在一个比较大的平台上不断学习和发展。”

接着我问他：“你在公司工作了这么短的时间就要辞职，你把贸易公司的业务弄清楚了吗？这个行业你了解了吗？”

他回答说：“没有。”

“既然这样，那我觉得，除非你打算以后不再从事贸易行业，否则你在这个公司工作的一年就等于白费了，你什么都没学到就辞职等于在浪费资源。我建议你先静下心来，深入钻研一下业务。你把这个行业摸透了再辞职也不迟啊！”我说。

他听了我的建议觉得有道理，就打消了辞职的念头，一改往日自以为是的姿态，踏踏实实地工作起来。

时隔数月，我又在一个朋友聚会上碰到了他。

我问他：“那份贸易公司的工作辞了没有？”

他回答说：“开什么玩笑？自从上次听了你的劝告，我觉得这个公司确实是一个非常好的平台，离之可惜，所以就放弃了离开的想法。这段时间工作得很卖力，也很辛苦，不过总算有了些起色，最近刚刚升职为部门经理。我现在明白了，工作是为自己，公司的平台不能随随便便就放弃。”

虽然不是所有的工作都是完美的，但是既然选择了工作，就要坚持到底。

我要用业绩证明自己，用业绩创造机遇，为公司就是为自己。

有很多人简单地认为，员工与公司是一种对立的关系，给多少钱就干多少活儿，认为自己是在为公司或老板工作，而不是在为自己工作，所以在工作中能敷衍就敷衍，老板在的时候就干点活儿，老板不在的时候就松懈。实际上，在公司这个平台上学的本事都是员工自己的，对工作敷衍就是对自己不负责任。

作为员工，我们应该记住：每个人都是在为自己的未来与梦想而工作，为使自己的将来是成功的、幸福的，现在就应该努力工作。为自己的幸福、梦想和未来而工作，工作效率会更高。

热爱自己的公司

在清朝的时候，国家金库里负责搬运金银的贪财库兵被称为“银鼠”。这个工作诱惑力太大了，金银就在眼前放着，难免会起贪心。但是金库的检查非常严密，金银很难私自带出。所以，这些库兵就想了一个办法，在将要换班的时候偷偷将国库的银锭塞在肛门里，以逃避检查。这种方法成了“银鼠”们心照不宣的秘密，他们为了各自的利益，谁也没有告发此事。虽然官员们发现了金库里的银锭不断减少，却总是找不出原因。直到有人发现很多退休的库兵都得了肛瘘之后，这个谜底才揭开。后来为了防止这种“夹私”行为，库兵们每天换班时都要脱得一丝不挂接受检查。

在当代的公司里，也存在着“银鼠”。据说，有些企业的员工在下班走出工厂或公司大门时，要经过手执探测仪的保安的全身检查。在很多公司里，确实存在着员工监守自盗、将企业的财产据为己有的现象。公司与员工之间似乎从雇佣与被雇佣的关系一下子变成了猫与老鼠的关系。

要防止类似的事情发生，关键在于改善员工与公司的关系。员工要融入公司当中，像爱护自己的家一样爱护公司。

尊重公司就是尊重自己，尊重自己的未来。

公司是由全体员工共同经营的。在一家公司里，如果每个员工都有一种“这就是我们的公司，这里就是我们的家”的意识，这家公司一定是一家和谐而成功的公司。

爱公司包括两个方面：

1. 要融入公司的文化

微软公司对员工融入公司文化的要求十分严格。微软公司联合创始人比尔·盖茨说："熟悉本公司是每个员工的必修课，因为只有熟悉本公司情况，才有可能把公司情况介绍给你的客户，反之，必会引起客户的怀疑。"

不同的公司有不同的文化，假如你不去适应，其结果可能是你失业了。尤其是初到一个新单位时，一定要先了解它的企业文化，知道哪些事情是绝对禁止的，哪些事情是需要学会习惯的，等等。比如，一些大的企业虽然待遇优厚，但可能制度要求极严，每天必须穿正装上班，要准时打卡、记考勤等。如果你希望得到这份工作，就必须遵守这些规定。你选择了这份工作，就要接受这个公司的企业文化。

一个优秀的员工应该对自己公司的如下信息了如指掌：

◆公司的成长历程及声望；

◆公司主要管理人员的姓名、经历、背景乃至他们的好恶与禁忌；

◆公司的运行模式与程序；

◆公司的未来发展目标。

融入公司的文化要求员工们：

◆靠眼睛去观察；

◆用语言去沟通；

◆用心去体验；

◆用行动去参与。

要想在公司这个平台上有所发展，就必须积极地融入公司文化。了解了公司的文化之后，就要不断地调整自己的行为以适应公司的文化，而不是让公司来适应你。只有真正融入一家公司的文化，才能在职场上实现突破。

2. 要认同公司的价值观

价值观是一家公司的理想、信念、作风和群体意识。美国兰德公司曾花 20 年跟踪 500 家世界大公司，发现百年不衰的企业都有一个共同特点，就是始终坚持一个共同的价值观，即人的价值高于物的价值，共同价值高于个人价值，社会价值高于利润价值，用户价值高于生产价值。这些目光远大的公司几乎都像维护宗教信仰一样维护自己的核心价值观。

只有把自己和公司的价值融为一体、从公司的角度来考虑问题的员工，才能创造出卓越的业绩。

作为员工，我们如何与公司的价值观保持一致呢？

首先，要培养对公司的认同感。心理学研究认为，人对自己所认同的东西会产生极大的热情。只有在为自己所认同的目标工作时，才能全身心地投入。

其次，要培养对公司的归属感。在当今社会，没有谁能孤立地生存，要生活、要发展就必须依托一定的组织，归属于一定的集体或加入一家公司。而一旦加入了公司，就必须将其作为归属，把自己的思想、感情、行为与整个公司联系起来。只有全心地归属于公司，才能真正地拥有公司。

最后，要培养对公司的自豪感。人活着要有自豪感，尤其是对自己的工作和所在的公司。

越是每天都在做一些平凡而琐碎的小事，就越需要拥有自豪感，自豪感是引领你走出迷茫与彷徨的明灯；越是为工作而抑郁和烦恼的时候，就越要张扬你的自豪感，自豪感是浸润你心田的清泉。

无论你从事什么样的工作，都不要吝惜你的自豪感。每个人都是公司舞台上的演员，舞台可以简陋，但演出必须精彩；岗位可以平凡，但追求必须崇高。生命需要鼓励，自豪就是对自己生命的喝彩。

自豪感是自信的源泉，是幸福的保障，是成功的阶梯。具有自豪感是你真正融入公司文化的集中表现。只有全身心洋溢着自豪的时候，你才能爱上工作，爱上公司，才能把生活这场戏演好。

不要羞于在别人面前谈起自己的工作和公司，适度的炫耀是一种自我激励，它会带来自信、责任乃至成功。

不要让薪水束缚自己

薪水是员工们最关心的问题。优秀人才都往外企、IT 行业及互联网行业等新媒体行业里扎堆儿，就是因为它们的薪酬水平较高。刚毕业或刚进入职场的年轻人，对薪酬往往抱以很高的期望，认为凭借自己的才华或学历，自然能够得到重用，取得丰厚的报酬，甚至在工资上相互攀比，将其视为衡量个人能力或本事的唯一标准。

薪酬水平的不同，导致员工的工作态度有极大的区别。很多刚进入社会的年轻人，由于缺乏工作经验而无法被委以重任，薪酬水平低，怨天尤人。还有很多人认为，“反正我是在为老板打工，我为老板干活儿，老板给我开工资，拿多少工资就干多少活儿，等价交换”。这种定位会导致一种应付工作的态度，能躲就躲，能闪就闪，能敷衍就敷衍。

很多人不满意目前的薪水，甚至想另谋高就。然而，对于任何一家公司来说，薪酬水平都是有标准的。很多跳槽者在短暂性地提高了薪水之后，就再也无法提高，甚至越跳越低。这些人被薪水束缚住了手脚和思维，永远都不知道自己真正需要的是什么。

我一向认为，一等员工看机会，二等员工求工作，三等员工为薪水。

打工有两个层次：第一个层次是谋生，刚开始工作，不为挣钱是不可能的；第二个层次，钱挣到一定程度，便感到空虚，需要证明自身的价值。一个仅以薪水为奋斗目标的人，永远无法走出房奴、卡奴、车奴的平庸生活，也永远不会有真正的成就感。对于员工来说，一家公司能提供的价值和意义也绝不是由薪水来衡量的。工作是人的一种生活方式，而薪水只不过是许多报酬中的一种。当抱着选择一种生活方式的态度去选择工作的时候，人生的前景就会立刻改变。

> 我们是在为自己、为事业、为未来而工作，我们获得的是一个深入学习一个行业、奠定事业基础的机会。

投入地工作是一种乐趣，与老板发多少薪水没有关系。虽然做到这一点非常难，但恰恰就是因为投入地工作，有些人才获得了巨大的成功。他们在没有优厚的金钱回报的情况下，依然热爱自己的工作。

当你忠于自己的理想、爱好和自我的时候，就会发现金钱不是“苦”出来的，也不是“挣”出来的，而是“吸”过来的。当你热爱你所从事的工作时，你就选择了一种生活方式，这种生活方式让你满足、让你快乐、让你获得足够的幸福感。在这个时候，你会因为这种工作和生活方式而变得异常强大，并且这种热爱会产生极强的感染力。有很多时候，金钱就像一些细碎的小铁屑，找它们的过程会极为辛苦，真正有智慧的人会把自己变成一块磁石，靠磁场把这些铁屑“吸”过来。

薪水也是那细碎的铁屑。谋生固然无可厚非，但比谋生更重要的是发现工作中的潜在机会，在工作中充分挖掘、发挥自己的才能。工作不只是为了挣钱，人生应该有比薪水更高的目标。

没有人会忽视我们的存在，除非我们三心二意；也没有人会认为非我们莫属，凡事都有人能做。

我刚从大学校门出来进入媒体行业的时候，拿的薪水也不高，但我觉得媒体这个行业能锻炼人，无论是与社会各行各业接触的经验、良好的职业训练，还是个人人生观和世界观的建立，其价值都是用薪水难以衡量的。

我当时做的是财经记者，与企业界一些成功的企业家接触比较多。与他们沟通和碰撞的过程，正是一个了解自我、发现自我、使自我潜力得到充分发挥的过程。当年我在《中国经营报》策划并主持了很长一段时间的“与老板对话”专题，采访了很多红极

如果只是为薪水而工作，我们只能获得微薄的薪水，而如果为自己而工作，我们将拥有未来。

一时的企业家。这些对话还于1999年由作家出版社结集出版，即《高手过招——策划大师和商界大腕龙门对阵》。其中很多人的话至今还让我记忆犹新。比如，我问当年丹依集团的董事长余伟达："在今天的生意场上，还有一步登天的机会吗？"余伟达回答说："太多了！我们许多人没有想到、做到，是因为看不见天，思维没有穿透力。试想你没有世界地图，怎么去环游世界？不是没有机会，根本问题在于自己。"

然而，很多人被薪水、眼前的利益蒙蔽了双眼，看不到井外的天空。做生意如此，做工作同样如此。作为一名员工，你应该认识到，任何一个工作都是一个学习的过程，包含着许多成长的机会，你在公司乃至整个行业内的业绩和名声是远比薪水更珍贵的财富。

一个仅以薪水为奋斗目标的人是无法走出平庸的生活模式的，"人生有限责任公司"的经营要有更大的目标和梦想。目标和梦想是我们的工作热情得以持续的动力，是比金钱欲望更为高尚的事业理想。

因此，在刚刚步入社会或者进入一家公司时，不必

总在计较薪水的人，一生只能在平庸中度过；总想着通过自己的工作为公司创造价值的人，才会创造奇迹。

过分考虑薪水的多少，而要注重发展自己的技能、锻炼自己的意志、增加自己的社会经验和提升自己的人格魅力。与这些技能和经验等相比，工资就显得不那么重要了。

公司是成长和发展的平台，优秀员工从来不将薪酬视为唯一的标准。

公司支付给你的是薪水，而你赋予自己的却是终身受益的财富。当你热爱自己的工作、热爱自己的公司，并出色地做好该做的事情时，理想中的薪水自然会随之而来。

强人强语

美国微软公司联合创始人比尔·盖茨曾告诫初入职场的年轻人：人生是不公平的。

1. 人生是不公平的，习惯去接受它吧。

2. 这个世界不会在乎你的自尊，这个世界期望你先做出成绩，再去强调自己的感受。

3. 你不会一离开学校就有百万元年薪，你不会马上就是副总裁，两者你都必须靠努力赚来。

4. 如果你觉得你的老板很凶，等你当了老板就知道了，老板是没有工作任期保障的。

5. 在学校里可能有赢家和输家，在人生中却还言之过早；学校可能会不断给你机会去找正确的答案，在现实社会中却完全没有这样的好事。

6. 人生不是学期制，人生没有寒暑假；没有哪个雇主有兴趣协助你寻找自我，请用自己的空暇做这件事吧。

诚如盖茨所说，人生本来就是不公平的：

没有多余的空间供你选择，除了聘用你的公司；

没有人会真心帮助你，除了与你一起奋斗的团队；

没有免费的午餐可以享用，除了老板给你发的薪水；

没有谁可以真正依靠，除了你自己。

第2章 融入你的团队

崇尚团队合作，不要单打独斗

沟通是团队的润滑剂

享受融入团队的乐趣

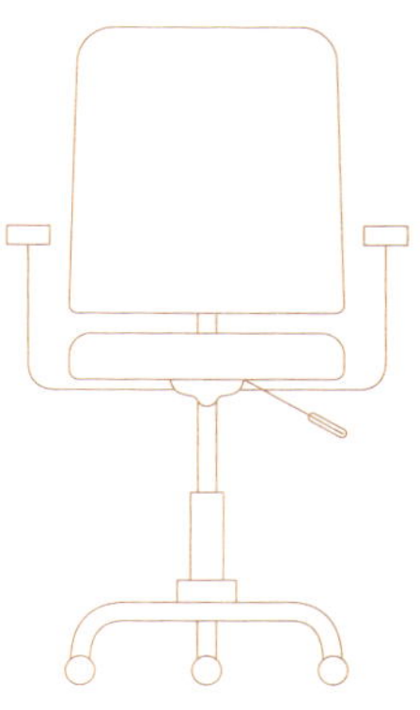

◎公司中有四种员工：

能力型——高能力和低忠诚度的“猴子”；

忠诚型——低能力和高忠诚度的“马”；

厮混型——能力和忠诚度都很低的“猪”；

理想型——高能力和高忠诚度的“主人翁”。

◎这也是出现在“西游公司”里的四种员工：

孙悟空、白龙马＋沙和尚、猪八戒和唐僧。

◎然而，无论有什么样的能力和忠诚度，员工要取得“真经”，都离不开一个前提，那就是千万不要脱离团队。

崇尚团队合作，不要单打独斗

《西游记》里的师徒四人加上一个任劳任怨的白龙马分别代表了四种类型的员工：能力型、忠诚型、斯混型和理想型。

这四类员工都各有优缺点：

孙悟空是能力型的员工，能力很强但心性不定、争强好胜、桀骜不驯，很难约束。虽然个人能力相当强，但也有自我孤立、偏执自大和冲动狂暴的一面。在去西天取经的过程中，孙悟空最不具备与别人合作的精神。

白龙马和沙和尚是忠诚型的员工。白龙马任劳任怨，沙和尚憨厚老实，他们虽然本事稍差，但是对取经这件事情从来没有二心。

猪八戒是厮混型的员工，大错没有，小错不断，他并不在乎西天是否存在真经，反正有吃有喝就行了。

唐僧是理想型的员工，是“西游公司”的 CEO（CEO，首席执行官。如来佛是董事长，观音菩萨是执行总裁，还有一个风险投资商——大唐皇帝）。他的目标最为坚定。也正是由于唐僧坚定的信心，看似一盘散沙的小组，变成了一个平衡各成员性格缺陷的、互补性的坚固团队。

“西游公司”的故事告诉我们，目标的达成必须依靠团队，团队有多大，平台就有多大。脱离了所在的团队，唐僧再有本事，也只是一个“知名的和尚”；孙悟空再厉害，也只是一个“强悍的猴子”。如今，英雄的时代已经远去，团队的时代已经来临。在英雄的时代中，人们的思维逻辑是“1+1=2”，或者充其量认为“1+1 ＞ 2”；而在团队时代，导向成功的思维逻辑应该是“1+1=11”。

> **仅靠自己的力量，大多数目标都不可能实现，但若团队合作，我们就可以创造奇迹。**

就我个人而言，虽然先后加入过名人、格兰仕、婷美等国内一流的公司，而且担任的都是高级总裁的职务，在营销策划界也小有名气，但如果脱离了我背后的公司，我也不过是一个“强悍的猴子”或“知名的和尚”罢了。团队合作是一家公司成功的保证，也是个人成功的前提。即使一个人是天才，如果其团队精神较差，也不会受到公司的欢迎。以IT业为例，中国有很多这方面的人才，能力和才智都没有问题，但是团队精神却不够，他们编单个的简单程序都能编得很好，但编大型程序就不行了。美国微软公司开发WindowsXP时，500名工程师共同奋斗了两年，有5000万行编码。软件开发需要协调不同类型、不同性格的人员共同奋斗，缺乏合作精神是难以成功的。现在大多数企业在招聘员工时都把“是否崇尚团队合作”当作一个重要的衡量指标。不能与同事友好合作、没有团队意识的人，是很难在职场中立足的。

团队精神包括两个层面的含义：一是大局观，二是协作精神。

大局观是一个前提，先有大局观，后有协作精神。所谓大局观，就是要把团队的利益、集体的利益和公司的利益放在个人利益之上。成功的人往往都是大局意识非常强的人，能够为了集体利益而牺牲自己的小利益。

个人利益并不是不重要，没有个人利益就没有整体利益，没有局部利益就没有全局利益。但是，在一定的程度上，为了大局的利益，优秀的员工能够做到放弃个人的利益。团队利益和个人利益是捆绑在一起的，公司好了大家都好，公司垮了个人也拿不到薪水。那种“只顾自己，不顾集体”的员工是不受老板和同事欢迎的。团队精神要求当个人利益与集体利益发生矛盾时，员工能以大局为重，而不是以自我为中心。

西方国家的公司虽然崇尚个体价值，但是其员工在组织里非常遵循个体服从整体的准则。而在中国的有些公司里，员工私心重、视野窄和眼光短是他们的通病。一些中国公司的员工常常把个人或部门的利益凌驾于整个团队、组织或公司的利益之上，开会时说话都是我们部门怎样、他们部门怎样，听起来不像是一个公司的，不像是合作者，反倒像敌人。

一头狮子是狮子，一群狮子凑在一起就会变成“狮子狗”。忘掉自己曾经是头狮子，做一匹狼、一只蜜蜂、一只蚂蚁。狼团队、蜜蜂团队和蚂蚁团队比“狮子狗”团队更有战斗力。

美国的很多父母从小就会培养小孩的合作意识和团队精神。每天小孩放学回到家后，父母就会问他们：“你今天为别的小朋友做了什么？”“你为老师做了什么？”……中国的有些父母可能问的却是：“你今天喝了牛奶没有？”（担心自家小孩没喝到）“你今天在幼儿园乖吗？”（担心不乖被人打）……从小就给孩子灌输利己和自私的思想，而不是强调合作。

缺乏大局观的公司往往会陷入内耗的斗争中，大多数时间都在解决个人之间、部门之间的摩擦。公司乱成一盘散沙——大多数人都私心过重，不会妥协，更不会顾全大局，你争我斗，最后搞垮公司。所以，大局观很重要。

有了大局观之后，还要有真诚的协作精神。现代企业并不需要特立独行的“英雄”，许多项目是经过精心规划的，在执行的过程中需要团队配合，以让每个环节都能够顺利完成。在中国式的团队里，更需要沟通和商量。没有团队，个人再有才华也没用，孙悟空式的冲动表现是行不通的。

我曾在一家公司当主管，这家公司依据末位淘汰制，每年都要裁掉几名员工。我所在的小组接二连三地有几名成员被裁，尽管我们小组的业绩很好：有一位对工作满是热情、非常热爱这个行业的姑娘被裁；有一个沉默寡言、没做多少事的小伙子被裁；还有一个工作能力不弱，但曾经和我吵过架，并且惊动了老总的人最终被裁。虽然我理解公司“断臂求生”的做法，但裁员是我不愿意看到的现象，尤其是在经济危机的形势下，我更希望公司能多给员工一些机会，大家一起渡过难关。我发现，首先被裁的不是能力低下的员工，而是不好合作的员工。这点让我若有所思。

前几天，我从网上看到一则消息：有个大学毕业生，一年之内三次被裁，就想到了轻生。这怎么解释呢？是因为他运气不好，还是表现很差？怎样表现才算好？只有在团队的运作中，才能掌握最根本的职业规则，这才是真正的实践和考验。我想，若不说这个大学生的心理承受问题或者运气，他总是被列在被裁名单上又说明了什么呢？

孙悟空最痛恨的紧箍咒其实可以看作领导者对员工的必然约束。这是职场的规则，出走并不能彻底解决问题，到了新的地方还会有新的紧箍咒。可见，作为员工，你的合作精神是相当重要的。尤其是职场新人，不可能一下子就成为公司的“中流砥柱”，而公司也绝不会因为任何一名员工的离开而停止运转。所以，我们要学会在团队中锻炼自己，让自己得到同事的帮助，尽快职业化。

沟通是团队的润滑剂

团队精神的最高境界是具有凝聚力，凝聚力是松散的个人集合转变为团结协作的团队的最重要标志。凝聚力源于团队成员自觉的内心动力，来自共识的价值观，而共识的形成则有赖于沟通。

沟通是生活和工作中最重要的组成部分。人除了睡觉的时间以外，有 70% 的时间花费在人际沟通上，其中 9% 以书写方式进行，16% 以阅读方式进行，30% 以口语沟通方式完成，其余 15% 花在倾听上。越是成功的人，所花费的沟通时间就越多。

要融入团队，就必须学会有效沟通。在营销学里有一个“250定律”，它是美国著名推销员乔·吉拉德总结出来的。他认为每一位顾客身后大约有250名亲朋好友，如果你赢得了一位顾客的好感，就意味着赢得了250个人的好感；反之，如果你得罪了一名顾客，也就意味着得罪了250名顾客。销售人员与顾客的交往如此，人与人之间的沟通也如此。所以，认真对待你身边的每一个人，尤其是团队中的成员，会帮你赢得团队的信任，让生活充满热情，让工作更有效率。

> 假如某件事情做错了，那是我做的；假如某件事情做得一半好，那是我们做的；假如某件事情做得非常好，那是你们做的。

沟通是传达，是倾听，是协调，也是一个团队和谐有序的润滑剂。我始终认为人这一因素是一家企业成功的关键所在，而根据我多年来的管理经验，企业中所有的问题归结到最后都是沟通的问题。

沟通不仅是个人能力、魅力的体现，也是每一位员工应该做到的。在公司的任何一个部门中，每个人打交道最多的就是其所在的团队，因此团队之间的沟通尤为重要。大家在一起，不仅是一起工作，更是一起分享成功与失败、快乐与悲伤。成败皆为团队共有，成员之间应互相奉献和支持，遇到困难互相鼓励……这种积极向上的团队精神有赖于团队成员之间真诚的沟通和交流。如果员工之间不进行交流、沟通，各自唱各自的“独角戏”，公司势必变成一盘散沙。

团队中没有“他们”“你们”“你”“他”“我”，只有“我们”。

你是不是一个具有良好沟通能力的人呢？每个人都需要就这个问题问问自己。我建议大家做这样一个“沟通能力”测试（见表 2-1 所示）：

表 2-1　沟通能力小测试

序号	题目	得分
1	你真心相信沟通在团队中的重要性吗？	
2	你平时是否时刻注意寻求与团队成员沟通的机会？	
3	在公开场合，你能很清晰地表达自己的观点吗？	

（续表）

序号	题目	得分
4	在团队会议中，你善于发表自己的观点吗？	
5	你是否经常与团队成员保持联系？	
6	在休闲时间，你经常阅读书籍和报纸吗？	
7	你能独自写出一份报告吗？	
8	你会将身边的同事分出亲疏远近吗？	
9	在与同事沟通的过程中，你能清楚地传达想要表达的意思吗？	
10	你觉得自己的每一次沟通都是成功的吗？	
11	你觉得自己的沟通能力对工作有很大帮助吗？	
12	你喜欢与同事一起进餐吗？	
13	在一般情况下，是你主动与别人沟通吗？	
14	在与别人沟通的过程中，你会处于主导地位吗？	
15	你觉得别人适应你的沟通方式吗？	

这是一个非常简单的小测试，肯定回答得 1 分，否定回答不得分。得分为 11 ~ 15 分，说明你是一个善于沟通的员工；得分为 6 ~ 10 分，说明你协调、沟通能力比较好，但是有待改进；得分为 0 ~ 5 分，说明你的沟通

能力有些差，你与团队成员之间的关系有些危险。

沟通能力的培养通常有以下几个原则：

第一，主动沟通。主动与被动的结果是不一样的，主动沟通更容易建立人脉网，消除隔阂，而且会让你处于主导地位。

第二，分清场合。不同的场合对沟通的要求是不一样的。比如，在餐厅、会议室等不同场合应采用不同的沟通方式；在与同事及上司交往时，私下里可以开玩笑，但是在正式场合就要给对方留够面子。

第三，理解别人。要理解别人，首先要尊重他人，即使对方不尊重你的时候，也要适当地尊重对方。每当遇到人际交往的障碍时，都要转换角度想问题。站在对方的角度考虑问题是解决矛盾的捷径。

第四，学会表达。说白了就是要学会说话。很多人之所以伤害别人的感情，引起别人的反感，原因就出在说话上。此外，要注意表达的细节。比如，说话的语调往往表现出你的态度，身体动作和姿势也是沟通的方式。

第五，学会“自重”。这是指，你要觉得自己“重”，即觉得自己重要或了不起。最好的方式就是找个没人的地方自己偷着“重”去。你“重”与“不重”和别人没关系，也没人会关心或理会。

总之，沟通要记住三句话：敢于沟通，勤于沟通，善于沟通。沟通要记住十六个字：欣赏、尊重、宽容、平等、信任、负责、诚信、热心。

享受融入团队的乐趣

作为一名员工，你在一个团队中最需要做的事情就是融入集体，避免受到排挤和孤立。与同事和谐相处，才能享受到融入集体的好处和乐趣。

在团队中，受欢迎的员工有四种类型。

黄牛型：尽职尽责，任劳任怨，沉默寡言，但工作效率高；

老虎型：具有主见，积极主动，富有创造力；

海豚型：知道如何在做好工作的同时处理好同事间的关系；

蜜蜂型：勤勤恳恳，不多说废话。

不受欢迎的员工有五种类型。

孔雀型：骄傲自满，目中无人，好大喜功，过分张扬，其结果是“失道者寡助”；

黄蜂型：阴险狡猾，搬弄是非，爱打小报告，冷不丁还会“蛰”人；

泥鳅型：投机取巧，大事做不来，小事又不愿做，能懒就懒，能躲就躲；

鹦鹉型：有主见，善于思考，能说会道，但做事不主动，执行能力差；

懒熊型：被动，懒惰，缺少主见。

不受欢迎的员工基本上也是不懂得承担责任、缺乏团队精神、不愿改变自己、缺乏向心力、不了解他人需求的人。他们只考虑自己得到多少，而不是自己贡献多少；过分注重自我，不注意与团队的沟通；不愿意去适应环境的变化，故步自封；不认同公司的文化和团队的主张，自以为是；总认为错误的产生都是别人的问题，不会反省自己，不清楚该在组织里扮演什么角色；从不在乎别人的想法与需求。这样的员工是最容易被“炒”的员工。

> **聪明不等于智慧，有知识更不等于有文化。有文化的人应该对人生和社会有深刻的洞察，并能合理地调整自己的心态和位置；不盲目尊大，也不妄自菲薄；不好高骛远，也不随波逐流。**

作为员工，我们必须懂得如何在团队中生存并且有所贡献。成功不在于获得多少，而在于付出多少。有的人很有能力却并不成功，原因是他不知道团队和公司的需求，只活在自己的世界里，眼里容不下别人的存在。

要成为一名受欢迎的员工，需注意以下几点：

第一，不要窝里斗。同事之间不是你死我活的“斗争”“竞争”关系，而是相互合作的关系。不受欢迎的员工常常会对同事抱有成见，把同事当作阻挡自己前途的障碍。这样的员工很难在团队中立足，更难以发展。放弃敌意、互惠互利是融入团队和被团队接纳的一个基本前提。

第二，放弃个人好恶。每个人都有自己的个性，有自己的价值观，对很多事情都有自己的看法和观念，有自己的好恶爱憎。但是，诸如此类的情绪和判断千万不要带入团队及与同事交往的过程之中。因为在一个团队中，有些人可能与你的好恶一致，但也有人会对你的想法有抵触。对于与自己想法不一致的同事，可以保持沉默，但切勿妄加评论，更不能以此来划分同类和异己。在一个团队中，没有同类，也没有异己。想寻找同类，就会被划分为异己；想排除异己，最后就会被团队抛弃。放弃个人好恶，实际上就是放弃以自我为中心，敞开心胸。只有心无挂碍，才能圆融无碍，赢得同事的尊重和团队的认可。

第三，积极参加团队的集体活动。大多数人喜欢把工作的同事圈子与生活的朋友圈子分开，营造两个交往空间。将工作与生活隔离开来自然有它的道理，但是要成为一名优秀的员工，在工作之外的生活时间里，也要尽量增加与同事沟通的时间和机会。集体的娱乐活动是一定要参加的，其次在闲暇之时，也可以与同事一起出去参加娱乐活动，如唱歌、郊游、跳舞、泡吧等，借此增加彼此间的了解与信任。

第四，讲究分寸。与同事之间的交往要讲究艺术，讲究分寸，不能口无遮拦，不能过于随意。说话、做事的时候要注意场合，看清对象，该说的说，不该说的不说，该做的做，不该做的一定不要做。在处理与同事交往过程中所发生的事情时，要三思而后行。

第五，为人大度一些。我的人生经验告诉我，小气者小成，大气者大成。小气的人基本上是那些性格有缺陷的人，他们往往会成为大家眼中的异己。小气体现在很多方面，如吝啬、爱发脾气、喜欢抱怨、特立独行等，这些特征绝对不是个性，而是毛病。大气是什么呢？是宽容和大度，能“忍己”，更能“容人”。

第六，低调做人。团队精神说得通俗一点实际上就是低调做人。只有你自己先放下姿态，你才会真正地尊重别人、配合团队的工作。我的经验告诉我，

谁也不比谁傻，优秀的员工一定会高调做事，低调做人。

老板选择员工，很大一部分原因不是看他个人能力如何，而是看他能否适应团队这个集体，能否和同事们融为一个整体。如果因为某个人的原因而破坏了整个团队的氛围，那这个人离被“炒”也就不远了。在公司和团队里，大家基本上都愿意与那些工作能力强、具有团队精神，同时又为人低调的人相处。

第七，要有一颗“公心”。私心过重往往会引起身边同事的反感。谁也不比谁傻，大家都是聪明人，而真正的聪明其实就是“傻”。“傻”不是智力有问题，而是有一颗“公心”。有“公心”的人眼光长远，不计较眼前的利益得失，不会为一点利益与同事吵闹、与老板纠缠，也不会推卸责任，而是知难而进，在工作中主动承担责任。这样的员工不仅会赢得大家的认可，成为团队所倚重的核心人物，也容易得到老板的信任和重视，在职场上无往不利。

强人强语

1. 要融入团队，沟通很重要。

2. 要提高沟通能力，首先要做的是积极主动地沟通。

3. 遇到人际交往的障碍时，要转换角度想问题，站在对方的角度考虑问题是解决矛盾的捷径。

4. 不要把同事当作阻碍自己前途的障碍，否则，这种心态恰恰会成为你真正的障碍。

5. 对于与自己想法不一致的同事，切勿妄加评论，更不能以此来划分同类和异己。

6. 在工作之外的生活时间里，也要尽量增加与同事沟通的时间和机会。

7. 与同事交往要讲究艺术，讲究分寸，不能过于随意。

8. 不要把坏脾气带到办公室，人人都喜欢大度、和善的人。

9. 不要为一点眼前的利益就与同事吵闹、与老板纠缠，要知难而进，在工作中主动承担责任。

第3章 把老板当自己的第一客户

老板是最好的学习榜样

努力赢得老板的心

和老板交往的黄金法则

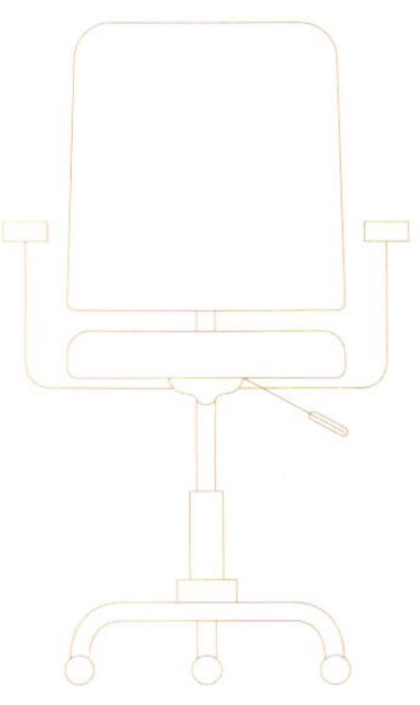

◎ 美国石油大王洛克菲勒在给儿子的一封信中写道："我从未像有些人那样抱怨雇主，说：'我们只不过是奴隶，我们被雇主踩在脚下，他们却高高在上，在他们美丽的别墅里享乐。他们的保险柜里装满了黄金，他们所拥有的每一块钱，都是压榨我们得来的。'我不知道这些抱怨的人是否想过，是谁给你就业的机会？是谁给了你建设家庭的可能？是谁让你得到了发展自己的机会？如果你已经意识到了别人对你的压榨，那你为什么不结束压榨，一走了之？"

◎ 在公司的舞台上，没有永远的老板与员工。

◎ 当有一天你当上了老板，就会发现，老板并不好当。所以，当你还是员工的时候，要接受与老板事实上的不平等关系，并把老板当作自己的第一顾客。

◎ 记住：千万要尊重老板！

老板是最好的学习榜样

一只兔子在山洞前写东西，一只狼走过来问："兔子，你在干吗？"兔子回答说："我在写论文。"狼问："什么题目？"兔子说："论兔子如何打败狼。"狼听后哈哈大笑说："兔子打败狼？这是天底下最大的笑话啦！"兔子说："你不信是吧？好的，你跟我来！"于是狼跟着兔子走进了身后的山洞，接着，只听见一声惨叫……

过了一会儿，兔子独自走出了山洞。山洞里，一只狮子在狼的尸体旁一边用牙签剔着牙，一边看着兔子的论文："一个动物的能力大小，不是看它的力量有多大，而是看它的幕后老板是谁！"

初入职场，选一个好公司固然重要，但最重要的还是看公司的老板是谁。有句话说得好：读万卷书，不如行万里路；行万里路，不如阅人无数；阅人无数，不如与成功者同步。选择一个好的老板，就是选择了一条成功的捷径。老板的魅力、气魄、做人的方式和做事的风格往往决定着公司的前途。对于员工来说，老板能看多远，也决定了你能走多远。

电影《赤壁》里有这样一个片段：赤壁大战之前，孙刘结成了联盟，周瑜到刘备的营盘考察，正赶上刘备在编草鞋。关羽在一旁解释道："这么多年，我们哥儿几个穿的草鞋，一直是大哥给编的。"台词虽然有些夸张，但是我们不得不承认，刘备确实是一个好大哥，也是一个好老板，有人格魅力，有雄心壮志，有打天下的能力，更重要的是，对待下属比对待自己的媳妇、儿子都好。关羽、张飞、赵云、诸葛亮都是他很厉害的小弟，但是再厉害的小弟如果没有跟对大哥也是白费。

电影《投名状》里的李连杰扮演的也算是个当老大

的角色。他说："天大地大没有兄弟情大，这年头没有兄弟活不下去！""当匪，我们要当最大的！"这是当老板应有的气魄！

老板的一句话顶不了一万句，但一句是一句！对待老板的安排，理解的要执行，不理解的就在执行中理解。

所以说，职场如江湖，出来闯荡，跟对大哥（老板）很重要。老板对待员工的态度如何全由老板本人的素质决定。一个懂得分享的老板才是一个好老板。

员工应该知道老板不是好当的，能当上老板的人通常都是职场上的成功者，并且有他成功的道理。一定要珍惜和成功者相处的机会，体会他们的金玉良言。成功人士是你的榜样，有时还是你的"贵人"，能够在关键时刻提醒你。

曾主演过电影《飞越疯人院》，并多次获得奥斯卡金像奖的好莱坞影帝杰克·尼科尔森，刚到洛杉矶时是个无名小子，对人生根本没有规划。他在米高梅公司动画部找到了一份差事，干的是送信、制作等杂事，也就是“跑腿打杂”。当时他的自我感觉还行，尽管想过当演员，但也只是想想，觉得那不过是异想天开。

由于他外形比较有特色，有人曾问他是否想当演员，而他总是回答“不”。后来他的老板——美国动画大师比尔·汉纳知道了此事，就把他叫到办公室说：“好吧，杰克，我问你个问题，你是不是想一辈子当个打杂的？”这句话对杰克来说，是他所得到的第一个高水平的从业建议。这话激励了他，让他明白了自己应该怎么做。

可见，成功者的一句话，有时候就是照亮你人生的一道光。

对于员工而言，你的上司、老板就是你学习的对象。成功的职场人士具有三个特质：一是深谙行业规则，具备坚定的意志；二是具备高级人才的卓越习惯；三是有对职业生涯完整系统的构想和行动力。

如同爱默生所说：“值得他人尊敬的伟大人物最明显的特征就是坚定的意志。不论环境多么恶劣，他们都不会轻易放弃自己的理想，而且最终都能克服重重障碍，实现伟大的奋斗目标。”成功的人往往都是在人格、品行、学问和道德等方面胜人一筹的人。与他们交往，我们能吸收到各种对自己有益的养分，这些养分可以对我们的发展起到巨大的指导和推动作用。

所以，要尽量利用公司这一平台，向老板虚心地学习。向老板学习、与成功者同行，可以少走很多弯路。

向老板学习，就要不惜代价地为老板工作，寻找种种借口和他共处，注意他的一言一行、一举一动，观察他处理事情的方法，发现他与普通人的不同之处。要相信，如果我们能做得和老板一样好，甚至更好，就有机会获得晋升。

向老板学习，能提升我们的志向和理想。只有向老板学习，才能激发我们的潜能、唤起我们的责任、点燃我们的热情，才能擦去我们生命中那些粗浅的自信和虚妄的梦想，让我们在公司的熔炉中百炼成钢。

向老板学习，要处处维护老板的权威。我们要认识到：老板是衣食父母，是公司的拥有者，是公司文化和公司精神的人格化体现，是公司不可缺少和不可替代的无形资产，是公司的象征和符号。老板的权威是从无到有，历经千锤百炼、惊涛骇浪而形成的。老板的权威是公司凝聚力的保证，是员工幸福与骄傲的依靠。老板的威严不可侵犯。

向老板学习有两条铁律：第一条，老板永远是对的；第二条，当怀疑老板不对时，请参照第一条。

努力赢得老板的心

一个老板到警察局报案说："有个流氓冒充我公司的CEO，在某地赚了100万元！这比我真正的CEO在客户身上赚到的钱要多得多。你们一定要找到他！"

警察信誓旦旦地说："我们一定会抓住他，并把他关进监狱！"

"不！不能关起来，我要聘用他！"

对于大多数老板来说，找到一个称职的职业经理人确实很难。老板和员工或职业经理人的关系大概可分为情人型、父子型和君臣型，而员工或职业经理人自我设定的角色也有三种：情人型、儿子型和臣民型。

情人型的员工或职业经理人会和老板保持非常亲密的关系。如果三个月没有和老板单独见面或吃饭，这种“情人”关系就会很快解体，老板也要琢磨下一位人选了。

儿子型的员工或职业经理人凡事都要请示“老子”，不敢私自做主。对于儿子型的职业经理人来说，要记住：总经理就是给董事长制造困难的，有困难要上，没有困难制造困难也要上，不能一味顺从老板的意思。总是顺从老板的意思，会降低老板对你的评价。你是来公司做事的，只要是有关公司发展的事情你都有权发表自己的意见。

已故著名作家王小波曾讲过这样一个段子：开会的时候他见一个朋友穿了一件文化衫，上面写着一串英文：“OK, Let’s pee!”他说：“总的来说，这个口号让人振奋，因为它带有积极、振奋的语调，这正是我们都想听到的。但是这个‘pee’是什么意思不大明白，我觉得这个字念起来不大对头，回去一查，果不出我所料，是撒尿的意思。搞明白了全句的意思，我就觉得这话不那么激动人心了。众所周知，我们已过了要人催尿的年龄，在小便这件事上无须别人的鼓励。我提到这件事，不是要讨论如何小便的问题，而是想指出，在做一件事之前，首先要弄明白是在干什么，然后再决定是不是需要积极和振奋。”

我们要去适应老板，不能指望老板来适应我们。

在现实生活中，有很多老板喜欢突发奇想，经常在员工会议上发表激情洋溢的演讲：“OK，我们干吧！”初听起来确实让人振奋甚至冲动，但是开完会吃个饭，回家再洗个澡，躺在床上仔细想想，那些激动人心的演讲大多数正是王小波讽刺的对象。

很多老板在布置任务时都是模棱两可的，因为他自己都不清楚目标是什么，自己想要的结果是什么。老板“摸着石头过河”，很可能就把具体执行的人“淹死在河里”。

臣民型的员工或职业经理人认为老板高高在上，他们见到老板像臣民见到皇帝一样，害怕与老板沟通。老板是什么？老板就是“The Man in the Corner（角落里的人）”。老板一般都很忙，与老板保持适度距离是对的，但如果一点都不与老板沟通，把老板“扔在角落里”，估计你离被“炒鱿鱼”就不远了。

不该问的别问，不该说的别说；主动总比被动好，沟通总比沉默好；多提建议，少说问题；老板有错不算错，自己有错是大错。

老板的威严固然要维护，但也要找机会与老板沟通，学会“勾引”老板很重要。

许多原本非常优秀的员工没有得到老板的赏识，主要原因是与老板过度疏远，没有找到合适的机会向老板表现和推销自己，没有把自己的能力和才华介绍给老板。很多员工对老板有生疏及恐惧感，见了老板就噤若寒蝉，不是躲开就是装作没看见，这种消极的心态一定会阻碍自己的发展。

要想成功，要想得到老板的赏识，一定要主动争取每一个与老板接触和沟通的机会。电梯间、走廊上、吃工作餐时、路上的匆匆一遇、擦肩而过的一刹那都是与老板近距离接触和沟通的"黄金时间"。抓住每一个与老板接触的"黄金时间"，将你大方、自信的形象展示出来，这有可能决定你的前途和未来。要知道，一个不在老板视线范围内的员工，是很难获得担当重任的机会的。

以我在很多公司担任领导职务的经验来说，敢于主动和我沟通的员工往往会给我留下自信、上进的好印象，时间长了，这些人就会在我心里留下比较深刻的印象，一旦有合适的机会出现，我就会愿意把机会留给他们。

在我看来，与老板沟通要注意以下细节：

第一，沟通要简洁。一句话能说清楚的，绝不说两句。

第二，谦虚要适度。过分谦卑会让老板反感。

第三，做个好听众。急于发表意见会让老板感觉你妄自尊大，先听听老板怎么说。

第四，论事不论人。做人要厚道，坚持在背后说别人的好话，切勿贬低别人抬高自己，不要在老板面前轻易谈论对别人的看法。

和老板交往的黄金法则

我在企业待了 20 多年，也做了 20 多年的咨询策划，打过交道的老板不计其数。总的说来，我认为中国的老板有三种类型。

第一种是“商人”型。所谓“无商不奸”，商人追求的境界不高。

第二种是“土匪”型。土匪型的老板把生意做得更像黑社会，随从众多，出入相拥，精力不是放在产品、品牌或服务上，而是放在关系、手段和武力上，做生意喜欢比“大个儿”，看谁的钱多、谁的后台硬、谁的胆子大、谁的胳膊粗，从来不吝惜使用暴力，生意做不过别人时，往往会用暴力手段将对手清除出市场。我在这么多年的商场“拼杀”中，受到过的警告、威胁和恫吓也不少。

第三种是“企业家”型。严格说来，中国的企业家还真不多。企业家不是以金钱来衡量的，而是以清白不清白来论的，即来的时候清白，走的时候也清白。在《圣经》的《约翰福音》中有这样一个故事：一群文士和法利赛人带了一个行淫时被捉的妇人来找耶稣，并问他：“夫子，这妇人是正行淫时被捉的，摩西在律法上吩咐我们用石头把这样的妇人打死，你说该把她怎么样呢？”耶稣对这些人说：“你们中间谁是没有罪的，谁就可以先拿石头打她。”结果一群人从老到少一个接一个地离开了，只剩下耶稣一个人。

与老板交往，要学会在适当的时机，说合适的话，做合适的事情。

在中国做员工或职业经理人，其实是“与狼共舞”，面临的压力很大，关系的尺度也不好掌握。大哥难找，小弟更难当。老板群体的

问题归老板群体解决，作为员工，我们一定要认识到，老板之所以是老板，一定有比员工强的地方。不管你的老板是“商人”“土匪”还是“企业家”，总之要记住一点：不要把老板当白痴。要想让老板 care（注意）你，一定要知道中国的老板有几条底线不能触碰。

第一，老板的面子不能伤。《三国演义》里讲过曹操与许攸的故事。曹操于官渡之战打败袁绍，主要归功于许攸献计，许攸后来的贡献也很大，然后就自恃功高，很不给“老板”曹操面子，甚至经常在众人面前直呼曹操为“阿瞒”，并说：“要不是我，你哪会有今天？”终于有一天曹操被惹急了，斩了许攸。

像许攸这样不懂人情世故的大有人在。事业没有成功之前，大家可以称兄道弟，但是等事业做大了，就得分出个主次，就像《水浒传》里聚义厅排座次一样，一旦排好，和老大说话就得注意点分寸了，功劳再大都是过去的事。

第二，老板的老底不能揭。老板的私生活和发家史最好不要过问，知道得越多，老板对你就会越缺乏信任。尤其是在生产环节、市场环节和财务环节上，你所做的每一项工作都必须让老板知晓，而老板的意图最好别过问。

第三，老板的风头不能抢。某款索尼笔记本有一句经典的广告语——“小心抢了老板的风头”，这其实恰好切中了中国“公司政治”的要害。几乎所有的老板都无法容忍部下功高盖主，无论他工作多么出色。一个朋友在一家民企里做区域经理，业绩非常出色，所在区域的利润占到了该企业全国市场利润的80%。他很快被调到总公司出任总裁，负责全国市场的运营工作。董事长对他特别器重，他成了公司不可缺少的核心人物之一。但是，当上总裁没多久，他就被扫地出门了。据说，他曾在公开场合宣称：“公司离了我玩儿不转……”

要随时随地抓住机会表示自己对老板的忠心，并且永远站在老板一边。

第四，老板的心思要揣摩。**在对老板忠心和服从的同时，还要揣摩老板的心思。**揣摩老板的心思需要高超的技巧。揣摩心思不等于拍马屁，即使拍也要拍得严丝合缝，不能露出做作和阿谀奉承的破绽。有一个关于曾国藩的故事讲的就是这个意思。

有一次，曾国藩吃完晚饭后与几位幕僚闲谈，评论当今英雄。他说："彭玉麟、李鸿章都是大才，为我所不及。我可自许者，只是生平不好谀耳。"一个幕僚说到，"各有所长：彭公威猛，人不敢欺；李公精敏，人不能欺"。说到这里，他说不下去了。曾国藩问："你们以为我怎样？"众人皆低头沉思，忽然一个管抄写的后生走出来，插话道："曾师是仁德，人不忍欺。"众人听了齐拍手。曾国藩十分得意地说："不敢当，不敢当。"后生告退而去。曾氏问："此是何人？"幕僚告诉他："此人是扬州人，入过学，家贫，办事谨慎。"曾国藩听后说："此人有大才，不可埋没。"不久，曾国藩升任两江总督，就派这位后生去扬州任盐运使。

这个管抄写的后生确实是名优秀的员工，抓住了老板曾国藩"仁德"的优点，投其所好地进行了恰当的赞美，结果改变了自己的命运。所以，在与老板的交往中，一定要仔细揣摩老板的心思，寻找老板的特点，以他喜欢的方式工作，以他喜欢的方式表达。

第五，老板的心思莫说透。老板喜欢的人基本上都不是那种以自我为中心、自以为是的人。员工有独立的思考能力是好的，但也要懂得把思考与决定的权力交给老板，不能越俎代庖。

在第二次世界大战期间，斯大林在军事上最倚重两个人：一个是军事天才朱可夫，另一个是总参谋长华西里耶夫斯基。这两个人都很有才，但做事方式极为不同。朱可夫喜欢直言不讳，所以经常触怒斯大林。华西里耶夫斯基则非常懂得维护斯大林的尊严，往往能使斯大林在不知不觉中采纳其正确的作战计划，从而发挥了巨大的作用。当他需要向斯大林进言的时候，会潜移默化地施加影响。

在斯大林的办公室里，华西里耶夫斯基喜欢同斯大林谈天说地地“闲聊”，并且往往还会“不经意”地“顺便”说说军事问题，既非郑重其事地大谈特谈，讲的内容也不是头头是道。但有意思的是，等华西里耶夫斯基走后，斯大林往往会想到一个好计划。过不了多久，斯大林就会在军事会议上宣布这一计划。于是大家纷纷称赞斯大林的深谋远虑，但只有斯大林和华西里耶夫斯基心里最清楚谁才是真正的策划者。

正是在这些貌似不经意的“闲聊”中，华西里耶夫斯基用自己的思想启发了斯大林，使得斯大林本人也认为这些好主意是他自己想出来的。斯大林对华西里耶夫斯基的倚重也说明老板都喜欢维护他们尊严的员工。

总之，员工与老板之间是一种“美合”的关系——基于梦想和利益的契合，这是一种新的商业美学。老板与员工之间，合作中有斗争，斗争中有合作。这种斗争不是敌我斗争，而是“美合”，为的是公司整体的利益，而不是个人的恩怨，双方都应该在事业的平台上成为胜利者。事业做大了，好处是大家的；事业垮了，对谁都没好处。

强人强语

1. 读万卷书，不如行万里路；行万里路，不如阅人无数；阅人无数，不如与成功者同步。

2. 要珍惜和成功者相处的机会，体会他们的金玉良言。

3. 向老板学习，要不惜代价为他工作，寻找种种借口和他共处，注意留心他的一言一行、一举一动，观察他处理事情的方法，发现他与普通人的不同之处。

4. 与老板沟通时，态度要谦虚，但不要过度谦卑。

5. 抓住每一个与老板接触的机会，将你大方、自信的形象展示出来，这有可能决定你的前途和未来。

6. 与老板相处要把握好分寸，不能过于疏远，也不能过于随意。

7. 与老板谈话时，要做个好的倾听者，但也不能唯唯诺诺，要适当表达自己的主见。

8. 不要轻易在老板面前谈对同事的看法，注意论事不论人。

第4章

用成绩说话

别以为自己有才华

从问题员工到关键员工

你离『打工皇帝』有多远

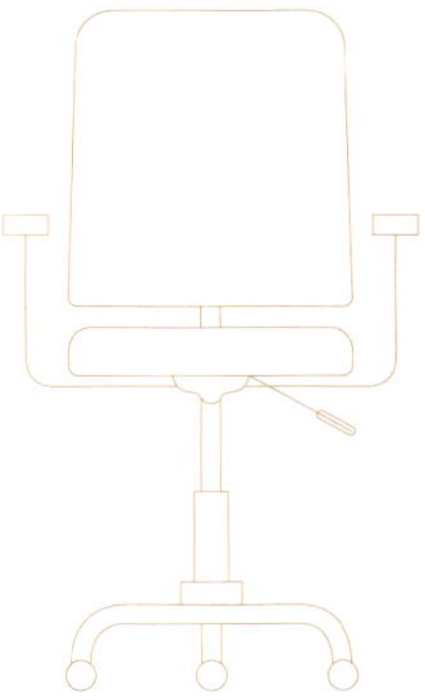

◎在公司中，员工分为五种：人财、人才、人材、人在、人灾。

人财是为公司创造财富的人；

人才是有特殊才能的人；

人材是有发展潜力的人；

人在是人在心不在，对公司来说可有可无的人；

人灾是给公司带来麻烦和灾难的人。

◎人财创造了公司80%的财富，人才创造了10%，人材创造了10%，人在的贡献是零，人灾的贡献是负数。作为公司的一名员工，你的价值如何？你属于哪一种？

◎不要问公司给了你什么，先问问自己为公司创造了什么。员工的价值体现在能为公司创造什么价值。无法创造价值就千万别把自己当人才。

别以为自己有才华

比尔·盖茨曾说："一个人如果善于学习，他的前途会一片光明。一个良好的企业团队要求每一个组织成员都是那种迫切要求进步、努力学习新知识的人。"这里的"知识"，绝不是书本上的知识，而是作为员工应有的态度、经验和能力等的集合，是需要员工消化运用的综合"职业智慧"。

一个博士被分配到一家研究所，成为该研究所学历最高的人。有一天他到单位后面的小池塘去钓鱼，正好研究所的正、副所长也在那里钓鱼。

博士只是向他们微微点了点头，并未说话，心想：“两个本科生，有啥好聊的呢？”

可是，过了一会儿，奇怪的事情发生了。

只见研究所所长放下鱼竿，伸了伸懒腰，噌地一下蹿上水面，蜻蜓点水一样踏着水面走了过去，到水塘的对面上厕所去了。

博士惊讶得眼珠都快掉下来了，心想：“不会吧？水上漂功夫？”

一会儿，所长上完厕所，还是从水上走回来了。

“怎么回事？”博士非常好奇，但又不好意思去问，他在单位里一直是自尊自大的。“我是博士，怎么好意思说自己不懂呢？”所以，博士并未吱声，装出一副无动于衷的样子。

又过了一阵，副所长也站了起来，也走过水面上厕所。博士这回彻底晕了：“不会吧，难道这是一个武林高手集中的地方？”

博士还是装作无动于衷，可是过了不久，他也内急了。他环顾四周，发现池塘两边都有围墙，要到对面上厕所必须绕10分钟的路，而回单位上厕所又太远。怎么办呢？他想去问两位所长，但又不好意思。憋了半天后，他终于鼓足勇气也起身往水里走：“我就不信本科生能过的水面，我博士生不能过。”

只听“扑通”一声，博士栽到了水里。

两位所长赶快将他拉了出来，奇怪地问：“你为什么要下水呢？”博士这才红着脸说：“我想过去上厕所，可是为什么你们可以走过去，我却不能呢？”

两位所长哈哈大笑：“你来的时间不长，不知道池塘里有两排木桩子，这两天老下雨，水涨起来把木桩子盖住了。我们都知道木桩的位置，所以可以踩着桩子过去。你怎么不问一声就往水里跳呢？”

学历是才华的一个方面，但不是主要方面，只有学习力才能代表将来。在一家公司中，员工只有尊重经验、不断学习，才能融入公司和团队，成为职业化的员工。

学习不仅是学知识，更要学会自我定位，学会转换观念，学会接受失败，学会遵守规则。

对于员工来说：努力比能力重要，文化比知识重要，业绩比资历重要，学习比文凭重要，情商比智商重要。

我刚从北京广播学院（现中国传媒大学）毕业的时候，被分配到北京青年报，成为一名财经记者。无论在当时还是现在，对于刚毕业的大学生来说，这都算是一份不错的工作。我所做的一些报道多次荣获各种新闻奖，我从一名记者一直做到了《为您服务报·商界周刊》的主编。按照现在的说法，我也算是一个“才子”了。然而，在新闻这个行业里，有才华、能文擅写永远都不能算作“核心竞争力”，因为这是新闻人必备的素质，是应该具备的基本工作技能。在新闻行业里，谁要敢站出来说“老子文章天下第一”，立刻会有全国新闻界的数万名记者站出来说：“你算个啥？”

有人说记者是“无冕之王”，这纯粹是外行话，离开了媒体，记者就什么也不是！世界上可能有两种职业最虚幻、最伤脑筋：一个是银行职员，另一个就是记者。银行职员每天要数着一沓又一沓不属于自己的钞票，记者每天要历数一桩又一桩别人的名与利，到晚上还残留在指间的那一丝铜臭味常常让人久久不能成寐！也许晚上 7 点你还在一个富丽堂皇的场所见一些体面的人、吃着奢侈的晚餐，但一到 8 点你就必须回到自己的小出租屋内。但是，我并没有后悔在最初进入社会的时候选择去媒体，因为媒体是一个非常好的学习平台。在这个平台上，你可以接触社会各行各业的人，无论是大人物还是小人物；你可以接触各种各样的思想，其丰富程度远胜于大学的课堂；你会遇到各种各样的机会，还会得到社会的尊重。人们会将各种各样的荣誉、光环和敬意抛向你，不是因为你做了多少，而是因为你背后的媒体力量强大。我们的才华对于身后的公司也许并不重要，而在公司的平台上不断学习、不断成长对于我们却很重要。

才华不是学历、文凭、资历，而是低调的姿态和永续的学习力。

我说“别以为自己有才华”，实际上是强调一个心态的问题，这是我们能否融入公司并在公司的舞台上成就自己的一个重要因素。作为员工，你有能力和经验固然重要，但如果心态放不下，老端着架子，最终受伤的肯定是自己。

曾经有一个经理人应聘到我们公司，但三个月试用期没过就被降职减薪，五个月后就卷铺盖走人了。原因就在于这个经理人太把自己当人才了，自比管仲、乐毅、诸葛亮，一心想革故鼎新，为公司力挽狂澜，常常以大师自居，把自己当成公司的“救世主”及老板和其他员工的老师，高傲轻狂，口无遮拦，口头禅是：“你们不行！”“你们这种做法太落后了，必须彻底改变。”而在实际的操作中他又并无多少实用的手段，只是把过去在其他公司的做法往本公司套。最终他成了众矢之的，被老板千方百计地“请”走了。

所以，到一家公司工作，无论是自己应聘去的，还是被老板“挖”去的，无论职位多高，无论能力多强或曾经多么辉煌，都要调整自己的心态。这个心态就是学习的心态。我们要知道，任何一家公司之所以还在生存和发展，都是无数教训、经验和智慧的结晶，任何个人的能量都难以与之匹敌。加盟一家公司首先要学习这些经验，只有在学习的基础上，才有可能适应、生存和发展，否则就是自找麻烦。

无论你曾经是什么身份，都要记住现在自己是员工，只不过级别有所不同。既然是员工，就要把心态调整到位，把姿态放下来，别把自己当成局外人。

从问题员工到关键员工

企业界有这样一种共识：20% 的优秀员工产生 80% 的绩效，20% 的问题员工产生 80% 的问题。虽然每个公司都希望拥有一批心态积极、业绩突出、与公司价值观一致的关键员工，但员工如果自我激励意识差，就很容易变成问题员工。

问题员工主要有三类。

第一类是短板员工。短板员工会产生“木桶效应”，从而降低整个公司或团队的业绩。这类员工主要包括以下几种：一是心理失衡的员工，工作作风懒散，工作拖沓，玩世不恭；二是“独狼意识”的员工，倚老卖老，不肯配合，不愿分享，爱吹毛求疵，或不惜牺牲同事的利益、破坏组织内部的协调关系来获利；三是有认知障碍的员工，不能集中精力，难以承受工作压力，经常受到不良情绪的困扰；四是焦虑抑郁的员工，缺乏自我控制能力，对职业前途悲观失望。

第二类是违纪员工，或者称为“公司蛀虫”，即出卖公司利益的人。比如，微软公司的一名员工曾通过微软内部的购买系统，低价购买并转售了价值 1700 多万美元（约合人民币 1.1 亿元）的软件，从中侵吞差额利润。可口可乐公司的一名前雇员因心怀不满，控告公司有质量问题和舞弊行为，导致美国联邦检察官对可口可乐公司展开了调查。这类事情非常多。

第三类是跳槽员工。对于很多公司而言，年底都是人事经理们周期性头痛发作的日子，因为这个时间也是很多员工拿了红包走人的时候。方正、猫人、波司登、海信、青岛啤酒、新浪和欧莱雅等公司都发生过大规模的“集体出走”事件。在人才流动日益频繁的今天，跳槽已经成为一种司空见惯的事情，尤以IT业为代表，市场销售人员、知名公司的高层管理者、技术研发人员则是跳槽的高发人群。但是，大多数跳槽者并没有一个明确的目标，对于职业规划通常是一头雾水，过的是一种体验型人生，而且在职业心理上多少存在这样或那样的偏差，导致在职业发展中遇到种种阻力，而他们却没有意识到毛病出在哪里。

问题员工的破坏性是很大的，轻者如工作积极性降低、效率低下，使事故率提高、公司额外费用增加，严重者则会导致公司倒闭。

一般来说，公司的经营者们会非常慎重地使用自己的资源，不会在绩效不佳的员工身上浪费时间与精力，而是直接将其淘汰出局，以保证在高绩效的、核心的关键员工身上投入较多的资源、时间与关怀，因为只有关键员工才是公司的精英和公司未来的希望，才是公司高绩效增长的动力和公司竞争力的保障。

因此，我们有必要问问自己：我是关键员工还是问题员工？如果觉得自己真是问题多多，属于问题员工的那一类，那在公司的日子就朝不保夕了。要想在公司的平台上继续发展，必须实现从问题员工向关键员工的转变。实际上，这个转变并不难。

1. 实现从问题员工到关键员工的转变要树立目标意识

我们经常会感慨：人和人的差距怎么就那么大呢？现在看看我们的中小学同学和大学同学，毕业时大家起点都一样，可是 5 年、10 年、15 年后，有的人开着奔驰、宝马、沃尔沃，有的人开着帕萨特、宝来，而有的人却骑着自行车。这是为什么呢？是智力差距、机遇有别，还是运气使然？我认为都不是。

成功人士与平庸之辈的根本差别并不是天赋、机遇，而在于有无目标。关键员工与问题员工的根本差别也在于此。人生或职场成功的关键就是人生目标的确立。

哈佛大学曾对一群智力、学历和环境等客观条件都差不多的年轻人做过一个长达 25 年的跟踪调查，调查内容为“目标对人生的影响”，结果发现：27% 的人没有目标，60% 的人目标模糊，10% 的人有清晰但比较短期的目标，3% 的人有清晰且长远的目标。

25 年后，那些没有人生目标的人，几乎都生活在社会的最底层，生活状况很不如意，经常处于失业状态，靠社会救济，并且时常抱怨他人、社会和世界；那些目标模糊的人，几乎都生活在社会的中下层，能安稳地工作、生活，但没有什么特别的成就；有清晰的短期目标的人，大都生活在社会的中上层，短期目标不断得以实现，生活水平稳步上升，并成为各行各业不可或缺的专业人士，如医生、律师、工程师、高级主管等；而有清晰且长远目标的人几乎都成了社会各界顶尖的成功人士，其中不乏白手创业者、行业领袖和社会精英。

你这一生要干什么？你要成为什么样的人？你要做成什么样的事业？你有没有一个清晰而长远的目标呢？

有想法的人很多，想改变自身处境的人也不少，但是很少有人把改变的欲望转化成一个个清晰而明确的目标并为之奋斗。

当然，有了目标还只是一个前提，关键是要实现，而实现目标要遵循“SMART”原则：

Specific——具体化
Measurable——量化
Achievable——可行
Result-Oriented——结果导向
Time-Limited——时间限制

具体来说，就是要将目标分解为具体的行动计划，把大目标分解为一个个小目标，或者将目标分解为可行的长期目标、中期目标和短期目标，并为每个目标设定一个时间期限，按照下面的倒推法来操作：

即时行动←短期目标←中期目标←长期目标

其中，量化和时间限制是非常重要的两个因素。

所谓量化，一是指数字具体化，比如我要在一年内赚到 50 万元，两年内赚到 100 万元，三年内赚到 500 万元，这就是数字量化；二是形态化，比如我要三年内赚到一个多大的房子，五年内买一辆什么样的车，等 等。有了具体化的目标，我们的行动就有了方向。

另外一个重要的因素是时间限制。所有的目标都要有一个明确的期限，不然就会变成空想。人生的时间是有限的，假如你能活到 80 岁，你其实只不过拥有这些时间：

80 × 365 ＝ 29200（天）

29 200 × 24 ＝ 700800（小时）

700 800 × 60 ＝ 42048000（分钟）

42 048 000 × 60 ＝ 2522880000（秒）

如果你想在 35 岁前成功，而你从 25 岁开始选定目标，那你只有 10 × 365=3650 天的时间；如果从 30 岁才开始选定目标，那你就只有 5 × 365=1825 天的时间了。

你今年多少岁了？你的目标是什么？你的目标实现了吗？你要用多长时间去实现？这些问题你想过没有呢？公司中的那些关键员工，或者说已经成为高管、经理、老板的人，一定是有着清晰且长远目标的人。如果你还没有目标，那才是你真正的“问题”所在。

2. 实现从问题员工到关键员工的转变，关键在于职业化

在公司中，关键员工其实指的就是三种人：一是人财，为公司创造财富的人；二是人才，有特殊才能的人；三是人材，有发展潜力的人。问题员工则是两种人：一是人在，人在心不在，对公司来说可有可无的

用能力为自己定位，用业绩书写简历，用埋头苦干来引发注意，用坚持来拒绝放弃。

人；二是人灾，给公司带来麻烦和灾难的人。

人财是能为公司赚钱、创造最大利润的人，利用属于公司的那 20% 的重要资产，却能创造 80% 的利润。全世界的公司对人才的定义都一样，即“能为我所用者，能给我创造利润者”。如果不能创造利润，即使有再高的学历、再渊博的知识和再丰富的经验，也不会为公司所青睐和倚重。

人才和人材虽然也算是关键员工，但他们的潜力需要激发，需要转化。转化得好，可能会成为人财；转化不好，也可能会变成问题员工。

人在和人灾属于问题员工，基本上是让公司赔钱的。在追求人力成本最优化的今天，这样的员工很容易遭到淘汰。

要避免成为被公司所反感和厌恶的人在和人灾，最好的解决方法就是职业化。问题员工是一些缺乏职业意识和职业精神的人，这些什么都不精通的万金油式的人正在走向穷途末路，跳槽次数越多，贬值的速度就越快。

而职业化员工通常有以下几种特征：

◆有职业道德；

◆有敬业精神；

◆有团队意识；

◆有责任意识；

◆能风雨同舟；

◆能创造利润。

你离“打工皇帝”有多远

刚开公司时，一个广告业务员来向我们推荐一个广告牌位，我们不想理他，于是他急了，说：“你们想要北京哪儿的广告牌位，我保证都可以拿下。”一个同事打趣地说：“天安门城楼能拿下给我们做广告牌位吗？”……这是我经历的一件小事儿，后来根据这件事，我在《找不着北》一书中杜撰了一个把天安门两侧城墙当作广告牌位卖掉的诈骗犯。

本领不是吹出来的，做职业经理人也是如此。

一个MBA（工商管理硕士）毕业的学生到我的公司

应聘，我问他："你期望的薪水是多少？"他说："30万元，最少这个价。"我说："假如你能创造3个亿的利润，我可以给你开300万元。"他头也没回就走了。他以为我在开玩笑，其实我是非常认真地在说这句话。

我认为职业经理人有三个档次：商品、产品和作品。商品层次的职业经理人身上可以找到刺激你"购买"的所有元素，包括长相、学历和资历；产品层次的职业经理人对所从事的行业有独到的见解，能够胜任自己的工作和职位，能够满足老板的基本需要；最高层次的职业经理人是作品，他一定有一种独特的、不可复制的品质，他无须长相、学历甚至资历的包装，无须出卖，他自己及他所做的一切工作都是一件优秀的作品。这样的人，才有可能成为"打工皇帝"。

唐骏是中国打工群体中一个标签性的人物，被誉为"中国第一职业经理人"。从微软中国区总裁，到盛大网络公司总裁，再到以10亿元的天价转到新华都集团公司出任总裁兼CEO，现在是微创（中国）的董事长和CEO。唐骏代表着打工者的一个层次，他是一个"作品

既然是打工，就别想当“皇帝”，职业经理人即使年薪上千万元，也是一名普通的员工。

现象”。

唐骏虽然之前深陷“学历门事件”，但是他能走到今天这一步，还是有其独到之处的。唐骏自己也总结出了几条职业经理人的规则：

第一，低调进入。不能一到公司就进行大刀阔斧的改革，前六个月应绝少在公司的公开场合发表个人观点，先赢得管理团队和普通员工的认同。

第二，看淡权力。老板一定有不想做、不能做、做不了的事情，做这些事情就是职业经理人的权力。

第三，夹心饼干决定。对一个职业经理人来说，成功不重要，避免失败才是最重要的，避免失败有一个最简单的方法，就是让所有的决定都变成交叉的。

第四，财务干净。不报销一分钱的额外花销。

第五，不带旧部。

第六，温和改进。在进入的初期，把外企的那一套工作方式全部抛掉，等到双方彼此适应后，再用温和的手段逐步改造民营企业的管理模式。

第七，不交朋友。不跟任何一个同事交朋友，一定要保持适度的距离。

第八，在最辉煌时离开。

在盛大网络的四年，唐骏帮陈天桥完成了公司在纳斯达克的上市，把盛大从单纯依赖一两款网络游戏的公司，变成了一家有成熟商业模式的网络互动娱乐公司。唐骏曾说：“针对这次金融风暴，可以说盛大是中国受伤最小的企业。原因是什么？就是我帮它搭了一个架构，这个架构让盛大可以持续稳定的发展。今天唐骏离开了没关系，陈天桥离开了同样也没关系。这个才是中国可复制的最重要的一个环节。”“什么时候跳槽可以提升你的价值？一定是完成你的既定使命之后。我当初加入盛大，是希望把它做成一家成熟的、完善的上市公司，现在我的使命完成了，唐骏在不在已经不重要了。”

唐骏谈到的这些规则说到底其实就是一句话，即“慎用手中的权力”。老板赋予职业经理人的权杖用好了可以威力无穷，用不好则会伤及自身。关于对老板与职业经理人之间关系的处理，我曾经的老板婷美集团保健科技有限公司董事长周枫有一句话说得非常好：“事业做纽带，信任做基础，标准做尺子，数据来说话。”

权力的前提是能力。职业经理人的薪水、权力和地位是由其能力决定的。重要的不是你要多少钱，而是你到底值多少钱、能不能为企业做出贡献。能力包括市场运作的能力、与人接触的能力、化解危机的能力、开拓创新的能力等。最终，你能为公司创造财富的多少决定着你薪水的高低。

到公司打工，要有本事；没有本事还到公司来混，那是诈骗。

权力的基础是责任。权力有多大，责任就有多大。没有金刚钻，最好别揽瓷器活儿，以免上台的时候风风光光，下台的时候丢人现眼。职业经理人往往要扮演“空降兵”的角色，这是一个注定要被别人评说的角色，如同人在江湖，身不由己。获得成功的时候，人们可能会把光环全部戴到你的头上；反过来，如若有小小的风浪，大家又可能会把所有的过失归咎于你。作为职业经理人，你必须去承担更多的责任。一个人的责、权、利之间基本上是成正比的，职业经理人要对老板、对员工负责，没有老板与员工的共同支持，职业经理人也无用武之地。

权力的保障是信任。信任不是靠合约或协议建立起来的，它包括能力信任和忠诚信任两个方面，需要绝对专业化和职业化。能力信任的建立比较容易，做出业绩就行了，忠诚信任就不是那么简单。

一般情况下，老板用人有四条标准：有能力没追求的大用，没能力没追求的用其忠，有能力有追求的有限地用，有追求没能力的坚决不用。忠诚很重要，忠诚度实际上就是职业经理人的职业化程度。老板最担心职业经理人出现四种情况：狼子野心、三心二意、财富转移和坐大山头。只要过了这四道关，赢得老板的信任，进而获得公司的权力是没有问题的。

强人强语

1. 在职场上，学习很重要，并且不只是学习知识，更重要的是学习作为员工应有的态度、经验和能力等，学习综合的“职业智慧”。

2. 要融入一家公司，心态是关键。良好的心态至少包括两点：虚心学习，不狂妄自大；不论职位高低，记住自己是员工。

3. 要实现从员工到关键员工的转变，一要有清晰且长远的目标规划，二要有职业意识和职业精神。

4. 世界 500 强企业对优秀员工的界定有 12 条核心标准：有敬业精神；忠诚；有良好的人际关系；有团队精神；自动自发地工作；注重细节，追求完美；不找任何借口；具有较强的执行力；找方法提高工作效率；为企业提好的建议；维护企业形象；与企业共命运。

第5章

把忠诚放在第几位

读老板的书，听上司的话
不做「麻木型」的忠诚员工
职场有规则，做人有底线

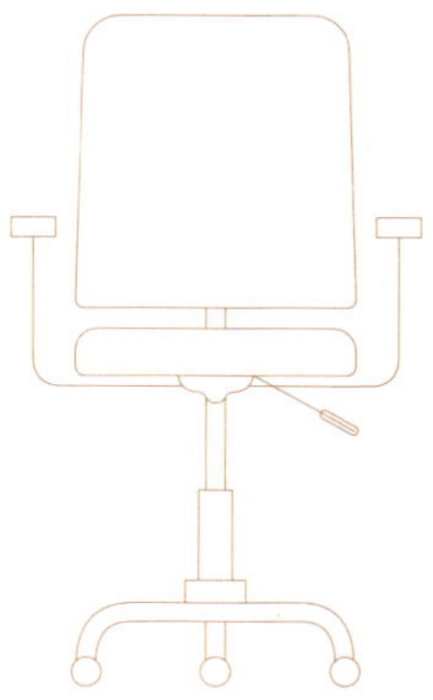

◎员工可分为精明、聪明、高明三个层次：

精明者忠于自我，鼠目寸光，以利益为交换，斤斤计较；

聪明者忠于能力，胜算在握，以本事为交换，共同探讨；

高明者忠于事业，得道深远，以忠诚为交换，满心欢喜。

◎精明者和聪明者是才华横溢的“野马型”员工，是公司前进的动力；而高明者是忠诚的“家犬型”员工，是公司稳定的保障和基石。

◎能力固然重要，但是人品更为重要，证明人品的最好方法就是看其是否忠诚。

读老板的书，听上司的话

有人悲哀地说这是一个“没有忠诚”的时代，也有人兴奋地宣称这是一个“自由选择”的时代。我认为，这是一个典型的“不靠谱”的时代。在一个“不靠谱”的时代里，大多数人都像某招聘网站做的广告中所宣称的那样，“跳，并快乐着”。

有这样一个笑话：

看完《苹果》，发现男人靠不住；看完《色戒》，发现女人靠不住；看完《投名状》，发现兄弟靠不住；看完《集结号》，发现组织靠不住；看完《无间道》，发现警察靠不住；看完《水浒》，发现领导靠不住；看完《史密斯夫妇》，发现公司靠不住；看完《无极》，发现馒头靠不住；看完《疯狂的石头》，发现国际高手靠不住；看完《长江7号》，发现地球人靠不住；看完《变形金刚》，发现外星人靠不住；看完《黑客帝国》，发现一切现实都靠不住。

这个世界并不缺少卓尔不群的人，而缺少自始至终都与公司同舟共济的人。每一个老板都梦寐以求能够拥有一支忠诚为公司服务、与公司荣辱与共的员工队伍。但是，在许多员工的眼里，公司的命运似乎跟自己没有关系，他们关心的只是薪水。公司业绩好的时候，他们都拼命地往公司的“船”上挤；一旦公司出现危机，他们就会以最快的速度逃离公司这艘漏水的“船”。他们只在乎自己的利益，根本不关心如何抢救和保护公司这艘“船”。

一条船航行在波涛汹涌的大海上，船上的每一个人都不可能单独逃生。

公司与员工之间是相互依存的鱼水关系。公司需要忠诚、有能力的员工，员工也需要借助公司这个平台实现自己的价值和理想。大家都在一条船上，**公司的成功也意味着员工的成功，一荣俱荣，一损俱损。**不负责任的员工可以生存，但很难发展。只有永远忠诚于公司的员工才是优秀的员工，才会有所作为。

读老板的书，听上司的话，做公司的好员工。

在一家公司中，员工可以能力有限，可以业绩不好，可以人际关系差，但就是不可以不忠诚。忠诚是对员工的第一要求。唐骏在微软担任中国区总裁的时候，有记者问他：“你会开除什么样的员工？”唐骏回答说：“不忠诚的员工。员工没有能力那是我的问题，因为我招聘的时候有一个试用的过程。品质上有问题的员工我会开除，别的我都不会开除。”

员工为什么会对公司不忠诚呢？我觉得主要有以下几个原因：

一是这山望着那山高。总觉得自己的公司不好，待遇不如别的公司好，为了月薪多几百元钱就舍弃自己的兴趣和目标而“另觅新欢”。

二是目光短浅。走路只看脚趾尖，不能把眼光放得长远一些。要知道成功的大公司和大企业都是从小公司一步步发展起来的，绝不可能一步登天。

三是见利忘义。谁给钱就给谁干活儿，谁给的钱多就给谁干活儿。这样的员工眼里只有利益，不见兔子不撒鹰，很容易见利忘义，背弃公司。

四是眼高手低。很多员工都抱着一种急于求成、一步到位的心态，到一家公司先问薪酬多少、有多少假期、能捞个什么职位，而不是先问自己能给公司创造什么。一旦公司满足不了要求，他就心生悔意。

我们说员工要忠诚，那么到底什么是忠诚呢？员工如何做才算是对公司忠诚呢？

1. 要忠诚于公司

从某种意义上来说，忠诚于公司也就是忠诚于自己所选择的事业。在一家公司长久地做下去，比频繁跳槽的收益更多，任何一家公司都不敢信任和重用朝三暮四的员工。虽然俗话说“树挪死，人挪活”，但是实际上，不断跳槽只会不断地葬送自己积攒的社会资本，每一次跳槽都是对自己“元气”的一次损伤，相当于一次又一次地“归零”，一次又一次地重新开始。对于那些制造“集体跳槽”事件的始作俑者来说，虽然打击了原来的雇主，但同时也损害了自己的信誉和名声，很难再有跳槽的机会，他们除了能够得到薪酬的短暂提高之外，很难获得大的成功。

曾经有段时间我在一家公司担任经理，由于种种不可控的原因，公司陷入了困境。在老板陈述了公司的实际状况之后，员工们很快就“树倒猢狲散”了，纷纷提出离职要求，没有拿到工资的员工将老板的办公室围得水泄不通，有的员工见老板实在无钱支付工资，就将公司的东西分得一干二净。不到一个星期，公司里就只剩下了我一个人。老板把我找去，说：“你也走吧。公司还欠着你半年工资，没钱给你了，你就把我用的那辆车开走吧！”说实话，我在这个时候确实非常为难，走还是不走呢？走的话也没有问题，已经有其他公司找过我，而且开出了很高的薪酬。但我又觉得这个时候走实在对不住公司。考虑来考虑去，我还是决定留下。我对老板说：“公司景气的时候你对我不错，给了我许多，现在公司有困难，我觉得我应该和公司共渡难关。再说，我们也并没有走到山穷水尽的那一步，只要公司一天不倒闭，我就始终不会离开公司，哪怕只剩下我一个人。既然大家在一条船上，遇到风浪就应该同舟共济。”在这之后不久，我们就拿到了一个上千万元的项目，公司起死回生了，我也得到了丰厚的回报，那是另换一家公司所得不到的。

2. 要忠诚于自己的老板

老板用人不仅看重个人能力，更看重个人品质，而品质中最关键的就是忠诚度。如果我们忠诚地对待老板，老板也会真诚地对待我们，这样我们就会赢得老板的信赖。在这个硕士、博士满街走的时代，缺的不是人才，而是人心。忠诚于老板不是愚忠，也不是对老板的依附，而是在契约和信任的基础上尽自己的权利和义务。虽然是老板出钱请我们干活儿，但人毕竟是有感情的，员工和老板不是赤裸裸的劳动和报酬的交换关系，毕竟还有“忠义”二字。社会上不乏一些“义”字当头，和老板同生死、共存亡的人，他们往往能获得意想不到的收获和成功。

《史记·刺客列传》中记载了很多有关忠义的故事，豫让的故事就很典型。

豫让是晋国人，曾经跟范氏和中行氏两个“老板”干过活，后来这两个“老板”被智伯灭了，他就开始为智伯服务。智伯对豫让非常尊敬和信任，令豫让极为感动。之后，赵襄子和韩、魏合谋灭掉了智伯，豫让就发誓要为智伯报仇。他先是装扮成囚犯，进入赵襄子的宫中行刺，没有成功，后来又在身上涂漆好让身体生疠，吃炭使自己声音嘶哑，把自己搞得人不人鬼不鬼，化装成乞丐以掩人耳目，继续行刺，结果又未成功，反而被擒。

赵襄子抓到豫让后，很纳闷地问他：“你不是也曾经服侍过范氏和中行氏吗？智伯杀了他们，你为什么不报仇？而智伯死了，你却为何有这样大的仇恨呢？”豫让说：“我的确跟范氏和中行氏干过活，但是他们只像对待一般人那样对待我，所以我也像对待一般人那样对待他们。而智伯却不同，他对待我像对待国士，我自然也要像国士那样对待他。‘士为知己者死，女为悦己者容。’今智伯知我，我必为报仇而死，以报智伯。”赵襄子极为感动，说：“既然如此，我就成全你的忠义名声，你走吧，不要继续行刺了，不然我不会放过你。”豫让说：“你是个贤明的君主，你宽恕我我很感激，但是这件事情没有完，我恳求你将衣服脱下来，让我在衣服上刺几剑，也就算为智伯报仇了，这样的话我即使死了也不会有遗憾，也有脸面去见智伯了。”赵襄子深为豫让的忠义所感动，就脱下自己的衣服让他刺，豫让刺完衣服之后就拔剑自刎了。

古人的忠义在今天读来依然让人震撼，同时也让人觉得遗憾，因为忠义在当今社会几乎成了一种稀缺资源。对于员工来说，忠诚是一种无形资产，会带来名誉、声望和意料不到的成功。

3. 要忠诚于自己的职业

忠诚是一种职业的责任感，是一种敬业精神。忠诚于职业表面上看来是有益于公司、有益于老板，但最终受益的却是我们自己。一旦养成对事业和职业高度的责任感，将忠诚和敬业变成一种习惯，我们就能在全身心地投入工作时找到快乐，就能最大限度地发挥自己的潜能，增添成功的筹码。

总之，忠诚是一种职业道德，是正直，是诚实，是个人操守。作为员工，如果我们不够忠诚，即使能在短时间内获得利益，也不可能获得长期的利益。这就好比军人对军队的忠诚一样，对军人来说，“永远忠诚”不是一句简单、空洞的口号，而是一种生活方式。同样，职场如战场，身在职场的每个人，也应该把忠诚作为一种职场生存方式。

无论是忠于公司、忠于老板，还是忠于自己的职业，都能帮助你赢得更大程度的信任，让人们感受到你的人格力量。反之，如果你背叛了公司、老板和自己的职业，身上就将背负一生都无法卸掉的背叛之名，它也

忠于自己的职业，就是要把每一份普通的工作都当成终身事业来做。忠于自己的职业是忠诚的起点。

将成为你人生的污点。没有哪个公司愿意起用一个有着背叛经历的人，你失去的将不仅仅是工作，还有人格和尊严。

不做“麻木型”的忠诚员工

忠诚不等于麻木。忠诚的“雄鹰型”员工可以在悬崖上起飞，而忠诚的“麻雀型”员工却光说不练，流于口号式忠诚。公司需要的是既忠诚又能独当一面的好员工，他们能胜任自己的工作，能在自己的岗位上充分发挥才能，能为公司创造良好的效益。但是，在很多公司中，确实有些员工属于“麻木型”的“忠臣”，患有“组织末梢神经麻痹症”。

在一个寺庙里，有个小和尚专门负责撞钟。他从来没有质疑过自己所做的这项工作，也从来没有因为这项工作的枯燥而心生埋怨。但是，寺庙住持有一天却对他说：“你不能胜任撞钟一职，你去后院劈柴挑水吧。”

小和尚很不服气地问：“难道我撞的钟不准时、不响亮吗？”

老住持耐心地告诉他：“你撞的钟虽然很准时，也很响亮，但钟声空泛、疲软，没有感召力。钟声是要唤醒沉迷的众生，因此撞出的钟声不仅要洪亮，而且要圆润、浑厚、深沉、悠远。”

很多员工都和这个小和尚一样，认为“做一天和尚撞一天钟”，但同样是撞钟，方式和效果却有天壤之别。撞钟就像工作一样，很多员工只是为工作而工作，为撞钟而撞钟。其实撞钟只是形式，不是目的，就像住持想要的结果是唤醒沉迷的众生一样，我们工作不只是为养家糊口，也不只是为交差事。除了挣钱糊口之外，我们的工作还寄托着荣誉和使命，寄托着光荣和梦想。工作不能像老牛拉破车一样懒懒散散，不能不求有功、但求无过。我们不能只求做公司的“忠臣”，还要争取做公司的“功臣”。

撞钟是任务，但要唤醒沉迷的众生，就要用心去撞；工作也是任务，但要实现我们作为员工的价值，就要用心去经营。

麻木是工作的最大敌人。要知道，我们一生的工作时间并不长。有人算过这样一笔账：一年有 365 天，约 52 个星期，每星期休息 2 天，则一年总共要休息 104 天（除法定节假日外），工作的时间只剩下 261 天；而在每个工作日中，又有 16 个小时不在工作，又要去掉 174 天，工作时间还剩下 87 天；如果在每个工作日的工作时间中，你再花 30 分钟上网、织毛衣或打电话，那工作的时间就还剩下不到 82 天；如果在这短短的 82 天中，你还有一些时间处于麻木状态，心不在焉，那可想而知你的工作成就会怎样。所以，必须改变麻木的工作状态。

低头拉车的同时还要抬头看路。

麻木是最严重的背叛，主动是最光辉的荣耀。

改变麻木的状态首先要改变心态，工作一定要主动。有这么个故事：

一个孩子练剑，每天对着目标刺，但剑太短，总是够不着目标。他问他的师父能不能换一把长剑，师父对他说："剑短是问题吗？如果你够不着目标，你向前跨一步不就行了吗？"孩子听后恍然大悟。

"向前跨一步"就是一种积极主动的心态，只有先战胜自己，才能战胜障碍。

在生活和工作中，我们也经常会遇到这样的遗憾，就是因为没有"走向前"或者"向前跨一步"而丧失了"荣耀"。日本作家芥川龙之介曾说："假如人生有一百步，九十九步是一半，一步是一半。"许多人都可以跑到九十九步，但是那剩下的一步只有很少的人能跑到。那一步的跨越是何等艰难啊！

现代公司需要的不是被动型员工，不是毫不主动的"应声虫"，而是在工作中拥有主动性，能够积极做好自我管理的员工。

优秀的员工不会像"应声虫"一样盲目地服从命

令，一味“低头拉车”，而是会“抬头看路”，具有主动进取、自我管理和自动自发的精神。《致加西亚的信》的作者哈伯德说：“我欣赏的是那些能够自我管理、自我激励的人，他们不管老板是不是在办公室，都能一如既往地勤奋工作，因而他们永远都不可能被解雇。”“许多人认为自己在公司里受到老板和上司的压榨和奴役，事实上并非如此，真正压榨和奴役他的不是老板和上司，而是他自己。这些人整天抱怨，说自己像一个奴隶一样被人役使，他的内心就渐渐产生了这种低人一等的心态，真正变成了一个奴隶。”

具有主动精神的员工会这样做：

◆主动去做不是职责范围内的工作；

◆主动分担其他同事的工作量；

◆主动协助领导的工作；

◆主动提供意见以改善团队的工作；

◆在没有报酬的情况下超时工作；

◆下班后仍想着工作。

职场有规则，做人有底线

一般来说，公司在选择人才的时候最注重的是诚信。在招聘新人的时候，我也喜欢问这样的问题：“在你以前的工作中，你有过哪些经验，有过哪些教训？”如果他能很坦率地谈自己的教训，就说明这个人诚实可靠，并且知道自己的缺点；只谈经验、回避教训的人，就说明他或者在回避缺点，或者在推卸责任，这在人格上是一种不足。

其实，从总体上看，诚信的问题不仅与劳动者的素质和习惯有关，更重要的是，我们的社会文化、商业文化还没有养成诚信的习惯。我看过一些资料，说中国每年因为企业或个人信用缺失而导致的直接和间接经济损失高达5855亿元。

国内很多企业为了在竞争中赢得一席之地，都喜欢炒作概念，广告上吹得很玄，实际功效却没那么好，这就是对消费者的不诚实。媒体已经曝光过的这类企业涉及家电、数码设备、保健品、电子商务，以及我自己非常熟悉的内衣等行业。

我在婷美集团工作的时候，婷美与中国科学院中科集团合作，推出了“中科暖卡”保暖内衣。它的保暖性很强，南极科考队、北极科考队和国家登山队都穿过，效果很好，在亲肤性、排汗导湿性、透气性和轻柔性等指标方面至少都比纯棉内衣高10%。这种产品一经推出，立刻火爆起来，引得很多内衣生产厂家纷纷效仿。从2003年开始直到现在，每年一到10月，各个内衣品牌之间就开始展开争夺市场的战斗，那情形不亚于江湖混战。之所以称为“混战”，不光是因为竞争激烈，还因为有些不规范的商家浑水摸鱼，打着“保暖”的旗号卖概念，而产品质量远远跟不上去。这种短线方式往往就是为了圈钱招商、拿经销商的钱，究竟市场是不是买产品的账，他们才不会管。

在婷美集团，我和公司高层形成了一致的理念，即产品绝不能只卖概念，要对得起消费者，否则市场不承认你的产品，怎么造势都白费。另外，一定要建立一个稳定的分销网络，要对得起经销商，让他们踏实赚钱，他们才会愿意卖你的产品。换句话说，你得先保证其他人有利可图，保证他们的权益和收益，他们才愿意合作，才愿意买你的东西。谁执市场牛耳？是消费者、经销商。凭什么让人家买你的东西？凭的是货真价实、诚信共赢。靠欺骗和炒作，最后吃亏的都是自己。

一个行业如此，一家企业如此，一个人也如此。婷美集团董事长周枫和我聊过他年轻时候的事，我觉得他是个很有激情的人，也是个很有原则的人。他曾经在北京东安商场工作。在凭票购买的年代，购买一台牡丹彩电的票在市面上交易值500元钱，他经手过5万台牡丹彩电，却没有拿过一台走后门、送人情。说起这事，他说自己能过“三关”：人关、物关、钱关。

商人的本性就是赢利，这无可厚非，但是不要忘了，“君子爱财，取之有道”，你该得的，不能少；不是你的，多一点都不能要。换句话说，每个行当都有它的“玩法”，要想站稳脚跟，一定要遵循它的游戏规则。

我记得非常清楚，2004年朗讯的戚道协、关赫德、黄锦昆被查处，据说是因为他们在任期间涉嫌商业行贿，有人还说行贿的对象是中国联通进出口有限公司的原副总经理黄强。当时黄强已经因受贿罪被判处了死刑。关于这件事的评论，很多观点说跨国公司的高管面临的最大难题，是怎样才能在中国商业“潜规则”和获取利润之间找到平衡。其实，我觉得这不光是跨国公司高管面临的问题，也是每个职业经理人都要解决的问题。美国有专门的《反海外腐败法》，禁止美国公司向外国政府公职人员行贿。而在中国，相应的制度还不够健全。在这种状况下，想保证这个行业的正常运行，在很

职场有职场的游戏规则，做人也有做人的底线，想要在职场上立足，先要学会做人。

大程度上要靠人的自律，看你在关键时候能不能坚持原则。

所以，很多时候，我觉得自己活在夹缝里，这边是公司的利益，那边是职业操守，真的很难两全。要是完全按原则办事，就相当于等着被“潜规则”了，这肯定会影响业绩。可是，要想在这一行继续干下去，你必须保持一个好名声，不然哪个公司还敢用你？

2004年，我在做服装生意的时候，需要招地区代理，有个经销商想拿到低价格的经销权。他跟我谈销货和销售，计划书也做得非常用心。谈了几次，其他方面我们彼此都很满意，只有价格都不肯让步。最后一次，他带着一部最新款的手机和一台IBM的笔记本来了，开口就说：“赵总，你的手机该换了，电脑也该换了！”第二天，我的司机在我的要求下把手机和电脑给那个经销商送了回去，回来后司机对我说：“赵总，你可真是顽固不化！”

说到底，我们的任何行为都离不开人性与利益两把标尺，就看怎么取舍。这里头有个职业理想和原则的问题。既然是职业经理人，就得做得“职业化”一些：得让公司觉得你可靠，敢把事情放手交给你做；得让合作伙伴和客户觉得你可信，跟你合作安全、值得。如果有一天你放弃了原则，想再回到原路就很难了，职业生涯会彻底毁掉。

至于“潜规则”，它之所以会变成“元规则”“显规则”，说明了制度的失效。但追根究底，不管什么制度，它的完善也是要靠人来做的，所以说，职场里什么最重要？人品！往往只是一念之间，可导致的结果却会完全不一样。

有人说，“潜规则”让中国的商业文化充满了“人情味”，而我认为不是“人情味”，是“人情债”。“潜规则”使得本来应该井井有条的商场变成了混战的“江湖”：有刀光剑影，也有暗器伤人；有名门正派，也有歪门邪道。不过，从长远看，中国的企业制度肯定是要走规范化这条路的。电影《无间道》里有句经典台词："出来混，不论做过什么，迟早要还。"不管一个人是有大智慧还是小聪明，不按常规出牌可以，可是破坏了正常的游戏规则就要付出代价。

现在讲究职业化，就是要求员工不仅要有能力，还要有职业操守。我一向主张，无论是在职场，还是在其他什么领域，交际原则应该是："言出必行，言出必准；有所不为，有所必为。"换句话说，注重诚信和社会责任感，坚持自己的价值观，对整体发展有利的事就必为，否则就坚决划清界限，这样才能在企业和个人之间形成互动，实现企业和个人的双赢。

强人强语

1. 在一家公司长久做下去，比频繁跳槽收益更多，任何一家公司都不敢信任和重用朝三暮四的员工。

2. 现在公司需要的不是被动型员工，不是毫不主动的"应声虫"，而是在工作上拥有主动性、能够积极做好自我管理的员工。

3. 要改变麻木的状态，先要改变心态，要认识到工作的意义和价值。

4.既然是身在职场，凡事就要做得职业化一些：要让公司觉得你可靠，敢把事情放手交给你做；要让合作伙伴和客户觉得你可信，跟你合作安全、值得。

5.在职场中，不仅要有能力，还要有职业操守，要注重诚信和社会责任感。

第6章 执行没有借口

有令必行，不找借口

在行动中提升执行力

高度负责，有效执行

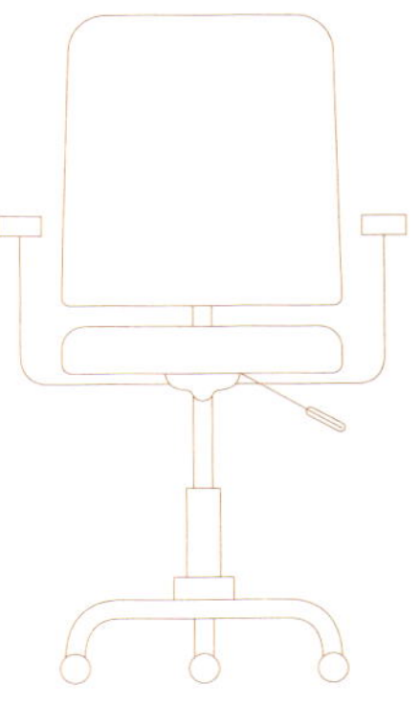

◎ 公司人才济济，但是沟通不到位，结果举步维艰；
团队兵强马壮，但是合作不到位，结果貌合神离；
制度完整严谨，但是都相互推诿，结果效率低下；
战略天衣无缝，但是贯彻不到位，结果漏洞百出。

◎ 理论完美不重要，关键要落实到行动上；
系统严谨不重要，关键要体现在细节上。

有令必行，不找借口

“没有任何借口”是美国西点军校210多年来奉行的最重要的行为准则，它要求每一位学员想尽办法去完成每一项任务，而不是为没有完成任务去寻找借口，哪怕是看似合理的借口。“没有任何借口”是执行力最完美的体现。

我们对《致加西亚的信》都很熟悉，里面身负送信给加西亚将军这一重任的年轻美国中尉安德鲁·罗文，成了敬业的榜样。当得知要接受这样一个艰巨的任务时，罗文中尉没有推托，也没有诉说路上会遇到很多困难，而是意识到“军人的天性是服从”。他在想：“一种军人的崇高荣誉感充满了我的胸膛，已经无法容纳任何的犹豫和疑问，我静静地站立在那里，从总统手中接过信——给加西亚将军的信。”

罗文中尉意识到，军人的荣誉至高无上，要勇于承担责任，完成任务。他说：“军人的命运掌握在国家的手中，但他的名誉却属于自己。生命可以牺牲，荣誉却不能丧失，更不能遭到蔑视。”

正是在这种高度责任感的驱使下，罗文中尉没有找任何借口，而是选择了将迫在眉睫的任务执行到底。没有人知道加西亚将军在哪里，他要自己想办法去寻找，所有的事全靠自己。罗文中尉从牙买加乘船出发，沿途遇到了许多想阻止他完成任务的暗杀者。然后他沿着崎岖的山路穿越森林，来到平原。经历了无数艰难险阻，他终于把信交给了加西亚将军，圆满地完成了任务。

我们之所以做得更好，不是因为比别人聪明，而是因为比别人更会执行。

在很多公司中我们都能发

现许多投机取巧、逃避责任和寻找借口的员工，他们不仅缺乏神圣的事业使命感，更缺乏敬业精神。

做一个好员工，对待自己的工作必须像美国西点军校的学员对待他们的长官一样，只要是长官吩咐的事情，就一定要做到。

在西点军校，合理的要求叫训练，不合理的要求叫磨炼，总之没有任何借口。有一天晚上，快到睡觉时间了，军官走过来对一个学员说："这双手套我明天要戴，你给我洗干净。"学员立刻立正敬礼，大声说："Yes，sir。"我们知道，把手套洗干净容易，但是让湿手套在一个晚上的时间就干是很难的，军校学员的宿舍里没有甩干机、吹风机之类的东西，怎么弄干呢？这不是给学员出难题吗？这就叫磨炼。而且，命令是不能违背的。接下来，这个学员用最快的速度把手套洗好，然后用干毛巾反复拧，但即使这样手套还是干不了。学员实在想不出办法了，只好用手不停地甩，做了一夜的单摆动作，到天亮的时候终于甩干了。早操的时候军官来了，一伸手，学员立刻把干燥的手套递了过去。军官只是说了声“Good”就转身走了。军官不会问你是怎么弄干的，辛苦不辛苦之类的话，因为他是军官，他只需提要求和下命令。而对于军校学员来说，其职责就是保证完成任务，并且不能因任何借口而推卸责任。军官要求的是结果，至于怎么做到，那是学员自己要想办法解决的，军官不会听学员抱怨。

做一个好员工还要有自我执行的精神。

作为员工，我们对待工作应该有种发自内心的责任感。一旦开始执行，就不能有任何抱怨，而要以最快的速度将任务完成。

巴顿将军在他的战争回忆录《我所知道的战争》中曾写了这样一个故事 :“我要提拔人时常常让所有的候选人排到一起，给他们提一个我想要他们解决的问题。我说:‘伙计们，我要在仓库后面挖一条战壕，8 英尺长，3 英尺宽，6 英寸深。’我就告诉他们那么多。我有一个有窗户的仓库，候选人在检查工具时，我走进仓库，通过窗户观察他们。我看到他们把锹和镐都放到仓库后面的地上。他们休息几分钟后开始议论我为什么要他们挖这么浅的战壕。他们有的说6英寸深还不够当火炮掩体。其他人争论说，这样的战壕太热或太冷。如果他们是军官，他们会抱怨他们不该干挖战壕这么普通的体力劳动。最后，有个人对别人下命令：'让我们把战壕挖好后离开这里吧。那个老畜生想用战壕干什么都没关系。'”最后，那个人得到了巴顿将军的提拔。

员工要练就执行力，只需记住两点：第一，闭嘴；第二，干活儿。

对于军人来说，服从命令并且不打折扣地完成命令是天职，至于命令合不合理、会有什么结果，那不是军人要考虑的。军人的任务第一是执行，第二是执行，第三还是执行。

对于员工来说，道理同样如此。任何公司的老板或上司都不喜欢牢骚满腹、总是寻找借口推卸责任的员工。如果没有执行力，所有的工作都会变成一纸空文或一场空谈。

欲找借口，何患无辞？完不成工作的借口会有成千上万个，如果总是找借口，任何事情都完成不了。有令必行，是优秀员工的必备素质。只有执着地将每一个命令、每一个任务都执行到位，才能实现公司、老板和员工自己的目标，得到大家都想要的结果。

在行动中提升执行力

作为员工，我们如何提高自身的执行力呢？我认为有以下几个方法。

1. 行动

执行能力永远只能从行动中获得，过多的犹豫反而会成为阻碍。要在最短的时间内采取行动，只有行动了才能看到事情的结果。作为员工，我们具有想象力和思考能力是好的，但是光有想法还不够，还要勇于将想法付诸行动。在公司里，要想赢得上司或老板的赏识和提拔，光靠想法去说服是不行的，关键要靠行动。

做了多少工作不重要，关键是执行的结果是什么。

唐骏刚开始在微软就职的时候，只是一个软件开发工程师，但是他仅用了7个月就被提升为项目经理。他是怎么做到的呢？在公司里，一般人是先征求老板的同意再去做事情，还有一些人会发现公司里有这样或那样的问题需要改进，包括管理上的问题和技术上的问题，但是他们只停留在想法的层面，而老板整天都会听到想法，听多了就会烦，也不会在意这些想法。

唐骏的做法却不一样。他认识到微软的操作系统不能实现多种语言的兼容。实际上，这个问题很多人都意识到了，但是大多数人只是在抱怨，没有人付诸行动，只有唐骏把想法变为了现实。他自己研发了一个引擎，可以在Windows的中文操作系统上输入日文、韩文，也可以在英文操作系统上输入中文。他做了这样一个尝试，并且成功了，把一个大家都想到的想法变成了现实，然后他拿去给比尔·盖茨看。比尔·盖茨看了说："哦，原来是可以做的，那我们就大规模地做吧。"然后微软组建团队做这个项目，而唐骏也就顺理成章地成了项目经理。

所以说，心动不如行动，机遇与成功只会眷顾那些快速将想法付诸行动的人。在执行的过程中，最重要的就是行动及行动的速度，俗话说“先下手为强”，出手的快或慢往往就会决定胜负。我们要懂得放弃一些理想化的理论和方案，让自己赶快行动起来，在行动中修正方案。有了速度，就为胜利赢得了时间。

2. 聚焦

首先要有目标，而且目标一定要清晰。清晰的目标和指令会让执行过程减少很多偏差，而有歧义或自己想当然，后果是非常严重的。尤其是老板或上司的指示，一定要得到确认之后再去执行。其次要让你的执行可量化、可考核、可检查，将任务层层分解，将计划落实到具体的行动上。不是说定个目标就完事了，还要进行自我约束、自我管理。最后也是最重要的是一定要有明确的时间表。如果我们只知道什么时候开始，不知道什么时候结束，不设定一个结束的时间，那世上任何任务都永远完不成。

服从没有理由，有想法就要立即付诸行动。承诺永不言败，执行要全力以赴。

对执行力的训练是很重要的。在华为公司，员工入职前都要到一个类似于美国海军陆战队的培训营培训。在培训的时候，公司给每名新员工 20 分的基本分，然后根据每个人的表现或加或减，并且规定，培训结束后要淘汰 5% ~ 10% 的人。被扣分最多的情况是迟到。每天晚上要在 12 点左右睡觉，第二天凌晨 5:30 起床集合，每迟到一次扣 3 分，而且不是只扣一个人的，比如你住“103”，如果你迟到，“102”和“103”的其他人也要扣 3 分。为什么呢？“102”的人可能不服。但是没办法，谁让大家是一个 team（团队）呢？如果连起床时叫一声都不愿意，以后怎么合作做项目呢？这还不算，组长也要扣分。组长可能也会不服，但是谁让你是这个 team 的 leader（领导）呢？靠这种严格的训练，华为员工具备了极强的执行力。在2002年全国电力调度网几千万的项目竞标中，华为击败了强劲的竞争对手思科，原因就是思科代理商标书交晚了5分钟，结果废标了。

3. 要培养一种全力以赴的心态

有这样一个寓言故事：

一个猎人带着猎狗去打猎，这时从草丛里跑出一只兔子，猎人举枪射击，兔子被打伤后仓皇逃窜。猎人对猎狗说："快去把那只兔子捉回来。"猎狗领命而去。

过了一会儿，猎狗回来了，可并没有把兔子抓回来。猎人非常生气地对猎狗说："你怎么连一只受伤的兔子都抓不到？"

猎狗委屈地说："主人，我已经尽力了。"

猎人看到猎狗疲惫的样子，也就原谅了它。

那只受伤的兔子逃回去后，其他的兔子看到它非常不理解，问道："那只猎狗追你，而你受了伤，怎么会逃得回来呢？"

那只受伤的兔子说："很简单！那只猎狗为了完成主人的命令，是在尽力而为；而我为了逃命，是在全力以赴啊！”

很多员工无法做好本职工作，达不到人生目标，根本原因就在于他们只是尽力而为却没有全力以赴。这是导致执行力不高的主要原因。作为员工，无论做什么事，都必须竭尽全力，因为它决定了我们日后事业上的成败。一旦以全力以赴的心态投入工作，处处都以主动尽职的态度工作，就能打开成功之门。执行不是“能不能”，而是“一定能”“必须能”。只要秉持全力以赴的心态，任何目标都有可能实现。

员工执行力词典中没有“想要”，只有“一定要”！

高度负责，有效执行

执行不是为了完成任务，而是为了结果。当任务完成之后，你有一千、一万个理由都不重要，重要的是任务的结果是什么。完成任务≠执行，若没有好的结果，执行就等于零。

决定结果的一个重要因素就是责任心。比尔·盖茨曾经说过："人可以不伟大，但不可以没有责任心。"美国前总统杜鲁门有一句座右铭："责任到此，不能再推！"

我们可以发现，世界上的成功者几乎都有一个共同的特征，那就是他们对自己所说的和所做的一切负全部责任。责任心是对自己的承诺负责、对自己行为的后果负责、对自己的信誉和尊严负责。只有拥有高度的责任感，才能打造一流的执行力。

1. 责任心表现在对承诺的信守

有这样一个故事：

一个星期天的下午，一群男孩在公园里玩模拟战争的游戏。有人扮演将军，有人扮演上校，也有人扮演普通的士兵。有个倒霉的小男孩抽到了士兵的角色，他要接受所有长官的命令，而且要按照命令丝毫不差地完成任务。

“现在，我命令你去那个堡垒旁边站岗，没有我的命令不准离开。”一个扮演上校的男孩指着公园里的垃圾房神气地说道。

“是，‘长官’！”小男孩快速、清脆地答道。

接着，“长官”们就蹦蹦跳跳地跑到别处玩儿去了，而这个倒霉的小男孩则来到了垃圾房的旁边站岗。

天渐渐黑了下来，小男孩站得腿脚发酸，但还是坚守着岗位。可是，那下命令的“长官”却已经忘了这个站岗的“士兵”。

一些人路过小男孩身边，问他：“你在这里站了两个小时了，你在干什么呢？”

“我在站岗，没有‘长官’的命令，我不能离开。”小男孩答道。

人们哈哈大笑说：“这只是游戏，何必当真呢？”

“不，我是一名士兵，要遵守‘长官’的命令。”小男孩坚定地说。

“可是，你的小伙伴们都已经回家了，不会有人再来下命令了，你还是回家吧。”路人劝道。

“不行，这是我的任务，是我该负的责任，要是没有完成的话，以后他们就不让我参加‘军事演习’了。我不能离开。”小男孩回答。

人们拿小男孩没办法，摇摇头都走开了。更糟糕的是，公园很快就要关门了。小男孩很想离开，但是他没有得到离开的准许，而他的那些小伙伴似乎真的忘了他，或者压根儿就没把这件事情当回事，根本就不会有人回来给他解除任务。

但事情并没有想象中那么糟糕。

正在这时，一位军官走了过来，他了解完情况后，脱去身上的大衣，亮出自己的军装和军衔。接着，他以上校的身份郑重地向小男孩下达命令，让他结束任务，离开岗位。小男孩这才如释重负。

军官对小男孩的执行态度十分赞赏，对小男孩说：“你长大后一定会成为一名出色的军人。”军官的话没说错，这个小男孩就是后来赫赫有名的艾森豪威尔将军。

对承诺的信守其实也是自我管理，是自律，这是每一位员工都应该掌握的能力。如果员工无法自律，无法做好自我管理，就很难尽到责任。

一丝不苟的风格、严谨求实的品格能带领我们往好的方向前进，追求更高的境界。

2. 责任心体现在细节上

注重细节的员工是最具责任心的员工。世界著名的管理大师韦尔奇就是一个很注重细节的人，这些细节包括手写便条并亲自封好后递给基层经理人甚至普通员工，包括能叫出1000多位通用电气管理人员的名字，还包括亲自见所有申请担任通用电气500个高级职位的人，等等。在世界级的大公司中，很少有公司的老板或经理人能做到这一点。

对员工来说，注重细节其实就是一种负责任的工作态度。看不到细节，或者不把细节当回事的员工，必然对工作缺乏认真的态度，对工作敷衍了事。优秀员工与平庸员工之间的最大区别在于，前者注重细节，而后者忽视细节。只有认真对待工作，将小事做细，并且注重在细节中找到机会，才能使自己成为公司最为倚重的员工。

我承诺：我是一切问题的源头，我对结果负责，责任止于我，我对我做的事情承担全部的责任。

太平洋集团前董事长严介和针对员工的评价标准有一个“电梯理论”。他的办公室在公司大厦的10层，经常会碰到一些员工和他一起等电梯。就在这每天等电梯的时间里，他发现自己的员工可分为三等。

第三等员工，他们往往是和老板一起上了电梯，按下自己要到达的楼层，比如5层，然后帮老板按下10层，等电梯到达5层后，自己下电梯，电梯继续上行。严介和认为，这样的员工没有什么发展前途，可能一辈子注定碌碌无为，因为他们不知道老板的时间要比他们的时间重要，他们不会替老板着想，只顾自己。

第二等员工，他们和老板一起上了电梯，自己明明要到5层，但为了节省老板的时间，只按下10层，等到达10层后，看着老板下了电梯，自己再按电梯往5层走。严介和认为，这样的员工有发展前途，但终究成不了人上人，因为老板不知道你是为了节省老板的时间而浪费了自己的时间。这种员工知道为老板着想，但不会替自己考虑，往往将自己埋没。因此，即使将来他们在事业上有所成就，恐怕也不会有大作为。

第一等员工，少之又少，这种员工和老板一起上了电梯后，自己明明要到5层，但为了节省老板的时间，只按下10层。当电梯过了5层，继续往10层上行的时候，再按下5层按钮。等到达10层，老板下了电梯，自己再随电梯往下走。严介和认为，这样的员工最有可能被塑造为领导，属于人中极品。

可见，在公司中，对员工的评价除了学历、业绩等硬指标外，一些生活中的细节才是最重要的参考因素。细节是责任心的体现，也是执行力的外在表现形式。往往就是一些我们平时并不在乎的细节决定了我们的命运。

那么，在公司中，我们一般需要注意哪些细节呢？

◆不要踩着上班的点儿踏进办公室，手里还抓着没来得及吃的早点；

◆不要把文案页码搞得前后颠倒；

◆工作时间不要与同事喋喋不休；

◆不要在老板不在的时间偷懒；

◆不要贪图公司的财物；

◆不要做兼职；

◆不要做夸张打扮；

◆不要一脸死气沉沉；

◆不要推脱；

◆不要将个人情绪发泄在客户身上；

◆不要一下班就立刻消失；

◆不要频繁请病假；

◆不要言而无信；

◆不要在工作时间打私人电话；

◆不要把办公室家庭化；

……

总之，在公司中，我们要时刻检点自己，树立一个稳重、严谨和有责任心的形象。只有这样，才能在职场中稳操胜券，做一个让老板信任的人。

强人强语

1. 不要以任何借口推卸工作中的任务，要想尽办法完成每一项任务。

2. 对待自己的工作应该有种发自内心的责任感，一旦开始执行，就不能有任何抱怨，而要以最快的速度将任务完成。

3. 只有执着地将每一个命令、每一项任务都执行到位，才能实现公司、老板和员工自己的目标，得到大家都想要的结果。

4. 要提高执行力，一要勇于将自己的想法付诸行动；二要目标清晰，全神贯注；三要有全力以赴的心态。

5. 执行的目的不是完成任务，而是结果，只有以高度的责任心来执行任务，才能得到最好的结果。

6. 细节是责任心的体现，也是执行力的外在表现形式。

工作是一种态度

激情让你脱颖而出

心态决定未来

别怕做最『傻』的员工

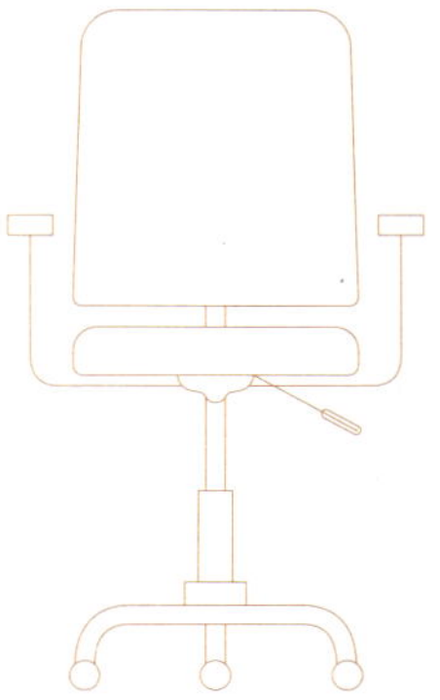

◎ 同样都是石匠，同样在雕刻石像，如果你问他们：“你在这里做什么？”

他们中的一个人可能会说：“我在凿石头。”

另一个人可能会说：“我在做雕像。”

第三个人可能会放下锤子，骄傲地指着石雕说：“我正在做一件艺术品。”

只有第三种人，永远以工作为荣，以工作为快乐。

◎ 天堂与地狱都由自己建造：

如果视工作为一种乐趣，人生就是天堂；

如果视工作为一种义务，人生就是地狱。

激情让你脱颖而出

比尔·盖茨在被问到心目中的最佳员工是什么样时，他强调了这样一条："一名优秀的员工应该对自己的工作满怀热情，当他对客户介绍本公司的产品时，应该有一种传教士布道般的狂热！一句话，将你的职业当成一项事业来做，它所带来的荣誉感和使命感会立即将你工作中的一切不如意一扫而空，让你工作越来越有劲、人越活越年轻、道路越走越宽广、生活越来越美好。"

比尔·盖茨还有句名言："每天早晨醒来，一想到所从事的工作和所开发的技术将会给人类生活带来巨大的影响和变化，我就会无比兴奋和激动。”

激情是事业成功的一个基本前提，激情能提升能力、成就责任、锤炼执行力。激情是优秀员工的核心竞争力。微软员工对技术的痴迷和对客户发自内心的热情是他们能够建立全球商业帝国的保障。

激情是一种昂扬的情绪，是一种积极的态度，是一种高贵的精神。激情使我们对工作、对公司始终保持着热衷、执着和热爱，是我们事业前进的动力。

美国经济学家S.P.罗宾斯认为：人的价值＝人力资本×工作热情×工作能力。如果一个人没有工作热情，那么他的价值就是零。唐骏认为，一个人的成功第一靠智慧，第二靠机遇，第三靠勤奋，第四靠激情。其中，激情最为重要，是原动力。当你决定把自己的才华和精力投注到一个领域的时候，能力和业绩都会跟随而来。

每天早上起床时对着镜子大喊“我一定要成功”；每晚睡觉时在纸上写下“生命遗书”：完不成当天的任务怎么办?

对工作充满激情的人是公司老板最欣赏的人。有了激情，我们对工作的目标才会更加坚定，才不会熬时间，躲检查，混饭吃，蹭工资，安于现状；有了激情，我们才不会厌烦我们的同事，指责我们的老板，抱怨我们的公司，质疑我们的职业，计较我们的薪水和职位，我们才能一扫愁容，重新考量我们所从事工作的神圣和伟大；有了激情，我们才会享受工作的乐趣和价值。如果我们能像听到上帝的召唤一样投入工作，即便没有收入也在所不惜，那就一定能成功。

著名指挥家托斯卡尼是一个充满激情的人，他对交响乐团中每一个成员的要求也是必须对音乐充满宗教般的激情。有一次，一个委靡不振的交响乐团惹怒了他，因为在他们的音乐声中，托斯卡尼听不到激情。他怒斥道："我退休后要去开一个妓院！你们知道什么是妓院吗？我要招揽世界上最漂亮的女人，它将成为充满激情的斯卡拉歌剧院。而你们，所有的人都被阉割过，你们中任何一个人都休想进妓院的门！"就像托斯卡尼开的这个玩笑一样，没有激情的人就像是被"阉割"了一样，难以享受工作的种种美妙和乐趣。

激情，就是让你的工作变得有意思起来。要知道，工作并非只是为了获得金钱，最重要的是让自己在工作中获得快乐，在参与有意义的工作时感到受重视。

有研究发现，如今的人们更看重工作的内在乐趣，而不是物质报酬。一家机构抽样调查了 1600 人，要他们说出决定工作选择的最重要的几个因素：52% 的人选择了成就感和责任感，42% 的人选择了得到认可，选择收入合理的只有 39%。《未来学家》杂志在“怎样让工作有意思”的专题报道中指出：“如今的员工已无法忍受专制的、非人的环境，他们需要将工作的意义与生活的意义融为一体。”成就大事业的人和平庸的人的最大区别就在于，前者能够在工作中找到乐趣、感到意义和发现美，而后者只是得过且过，感到工作单调而乏味。

激情如此重要，我们作为员工应该如何培养激情呢？

第一，以精益求精的态度，用心做好每一件小事。用心做事与无心做事，工作效果是不一样的。用心做事，则无论我们做什么工作，都不会觉得辛苦。用心就是激情的体现。无论你的工作多么卑微，只要你能以艺术家的精神精益求精，你就能很快脱颖而出，受到同事、团队、公司、老板，甚至整个行业的关注。

第二，要保持一种积极向上的心态。人生有限，我们不能无所事事地荒废一生，要将自己的爱好、真心和热情注入工作之中。要知道，工作就是我们的生活本身，对工作不热忱就是对生活不负责任，如此人生也就失去了活力，成为一潭死水。所有伟大的发明、书画、雕塑、文学，乃至伟大的人格和事业的背后，都有一种震撼人心的精神力量，说白了就是积极向上的力量。

第三，激情需要专注。成功的人都是一些极度专注、决心坚定、意志坚强的人。专注是一种行动力，是思想的核心力量。专注是狂热，是偏执，也是把思想和梦想变成现实的激情。专注的人从不在乎别人的议论，不会半途而废，不怕冷嘲热讽，不会犹豫不决。他们会全身心地投入工作中去，把工作当作特殊的使命。这样的员工能够感染别人的情绪，是公司和事业进步的根本，也永远都是公司最为欣赏和倚重的人。

专注是无所保留、全力以赴。一位加拿大著名的田径教练曾经说过：“不管是不是从事竞赛的人，大多数都是不愿意付出太多的吝啬鬼，他们经常保留一些什么。因为他们不愿将自己百分之百地投入比赛之中，所以也不能将自己的力量完全地发挥出来。”

专注是集中精力做最擅长的事情，把好钢用在刀刃上。意大利经济学家帕累托有一个“帕累托法则”，即 80/20 法则。它说的是 20% 的优势会成就 80% 的成绩，成功的人往往是将 80% 的精力投入那 20% 的自身优势上的人。集中精力于能获得最大回报的事情上，而尽可能不花费时间于对成功无益的事情上。人的资源、能量、精力和时间都是有限的，集中精力做好一件事情的时候最容易调动所有的力量，也才会得到最好的结果。

对于员工来说，由于有了太多的信息、机会和选择，反而很难把精力集中到一件事情、一家公司或者一项工作上，最后导致三心二意，什么也干不好。公司是员工生命中非常重要的“一条船”，既然上了船，就要专注，如果中途换船，很容易掉到水里。

第四，激情要有对目标的渴望。请看下面这个故事。

曾有一个年轻人问古希腊哲学家苏格拉底成功的秘诀是什么。苏格拉底要年轻人第二天早晨去河边见他。第二天，他们见面了。苏格拉底让年轻人陪他一起向河里走。当河水没到他们的脖子时，苏格拉底趁年轻人没注意，一下子把他推入水中。小伙子拼命挣扎，但苏格拉底很强壮，一直把小伙子按在水里。直到小伙子奄奄一息时，苏格拉底才把他的头拉出水面。之后，小伙子所做的第一件事情，就是深深地吸了一口气。苏格拉底问："在水里的时候，你最需要什么？"小伙子回答："空气。"苏格拉底说："这就是成功的秘诀。当你渴望成功的欲望就像你刚才需要空气的愿望那样强烈的时候，你就会成功。"

还有一个故事讲的也是目标对行动的指导作用。

把每天当成世界末日来热爱，把每次机会当成最后一次机会来把握。

有一次，一个士兵掉进湖里，岸上的人都不会游泳，乱作一团。拿破仑过来后，命令士兵游回来，士兵挣扎着说不行。“我说你行你就行！”拿破仑拿起枪朝士兵前面的水面打了几枪，命令士兵赶快游回来，否则就枪毙他。士兵见状吓得掉过头来，奇迹般地游回了岸边。

激情是破釜沉舟的心态，是“向死而生”的决绝，是一种燃烧着的对实现目标的渴望。只有燃烧的激情才能成就伟大的事业。

心态决定未来

看世界的方式决定了行为方式，行为方式决定了能否成功。如何看世界的问题，属于观念系统和价值系统问题。这个价值系统不涉及社会责任感、历史使命感这种严肃的话题，而只是说我们是否能够用一种开放、积极的情绪和态度来处理自己和外界的关系。

什么是开放、积极的心态？说白了就是乐观。而有些人总觉得自己是最惨的、付出代价最大的，总觉得自己在为别人牺牲，应该得到更多的回报，一遭遇困难就怨天尤人，好像被整个世界背叛了。这样的人不仅自己不快乐，也不能给别人带来快乐，又怎么能有成就感呢？心理失衡的根本原因就在于此。为什么很多有钱人反倒不如老百姓过得快活？为什么名利双收的人常常喊“郁闷”？为什么知识越多越觉得怀才不遇？这是因为他们不懂得管理自己的情绪。

我刚“下海”那段时期，没有钱，经验也不多，所有的资本只有两个：一个是自己还年轻，有时间，甚至还有犯错后改过的机会；另一个就是非常开放、平和的心态，保证我经得起风浪。开始的五年，我做了两个非常得意的产品。

一个是“百龙”矿泉壶。当时我用“地毯式轰炸”这一招，利用各种广告对攻手段，在各大城市点燃了矿泉壶大战，“百龙”矿泉壶在北京一下子热销起来。当年北京新闻圈里形容我是“赵百万”，就主要是这么来的。

另一个值得一提的是“小先生”美容仪。其实从“百龙”到“小先生”之间的落差还是很大的。做“百龙”时，我只负责营销策划，可“小先生”是我个人和北京电视台合作的一个产品，自己是股东，一旦失败，整个家当就赔进去了，很有点不成功便成仁的悲壮。最明显的是，做“百龙”时，办公室在富丽堂皇的北京展览馆；做“小先生”时，则搬进了蒋宅口旁边一个终日不见阳光的地下室。这中间的差距不用我说，旁人一眼就能看出来。很多人怀疑我的选择，议论纷纷。但我就是相信自己能行，每天去那间不见天日的办公室，感觉雄心勃勃。那时候，物质条件的艰苦算不了什么，我只是觉得自己在做一件伟大的事情。虽然对别人来说不算什么，可是对我来说太重要了，它是属于我自己的一件事，就像自己的孩子一样，要喂养它，对它负责，这让我身体内的每个细胞都充满干劲。后来，我们用了不到两年的时间，让几十万北京女人的脸贴在了“小先生”上。销售成绩最高的一次是一个商场一天之中卖了349台。到现在提起这件事我还是很兴奋。

所以说，对待生活的态度基本上就能决定成功和快乐的指数。很多人不知道如何获得快乐和幸福，其实那是一种感觉，一种个人化的感觉。每个人的标准是不同的，关键是以一种什么样的态度看待生活，感受生活。

我见过很多人迫于强大的生活和工作压力，而变得烦躁、焦虑、嗜睡和食欲不佳。去医院诊断，医生说是患了抑郁症。还有个时髦的说法，把它叫作“情绪感冒”，意思是说抑郁症像伤风感冒一样是一种常见的精神疾病。最新的一份数据显示，中国的抑郁症患者已经超过3000万人，其中10% ~ 15%的患者最终可能选择自杀。

我不能整天愁眉苦脸，我不能做一个破坏别人情绪的人。

其实，就我自己的经历来看，媒体业与商业都是极富刺激性和挑战性的行当，变数很多，而且这两个行业又都是开放型的行业，需要整合各种资源，局势往往不是自己能够控制的。从事这两个行当时间一长，就容易丧失安全感，或者觉得疲惫、焦虑。但是，这十几年里，我从媒体转战到商场，从“百龙”到“小先生”，从“名人”到“格兰仕”再到“婷美”，这一系列的成功跳跃使我体会到生命的张力，我感到某种征服的欲望在体内滋长。征服的对象既包括要去的公司、要进的行业，更包括自己。一般人可能更看重结果，但我更看重征服的过程，因为它能让我体会到交锋的快感。

听医生说，人体内有一种神经传导素——血清素，能够抑制不愉快的情绪，使人放松或产生快感，又被称为化学物质“刹车型”，也有人叫它“快乐荷尔蒙”。和血清素功能相反的是肾上腺素等一类的东西。在紧张的时候，身体就会释放肾上腺素等，这是一种“油门型”化学物质，也叫“压力荷尔蒙”。人体内“刹车型”和“油门型”物质如果和谐运作、相互补充，就可以构建平衡的情绪。

在我看来，这只是看问题的不同方式。其实，很多人欠缺的不是精力、技能，而是调控自己情绪的能力。真正难以控制的是什么？不是人际关系，是自我。人际关系看似复杂，却可以拆解，可一旦控制不住自己，根基就会倒塌。下面这个秀才赶考的故事说的就是心态的事情。

有位秀才屡考不中。第三次进京赶考的时候，他住在一个以往经常住的店里。考试前两天他做了三个梦：第一个梦是自己在墙上种白菜；第二个梦是下雨时，他戴了斗笠还打伞；第三个梦是跟心爱的表妹脱光了衣服躺在一起，但是背靠着背。

这三个梦似乎有些深意，秀才第二天就赶紧去找算命先生解梦。算命先生一听，连拍大腿说："你还是回家吧。你想想，高墙上种菜不是白费劲吗？戴斗笠打雨伞不是多此一举吗？跟表妹都脱光了躺在一张床上，却背靠背，不是没戏吗？"

秀才一听，心灰意冷，回店收拾包袱准备回家。店老板非常奇怪，就问："不是明天才考试吗？怎么今天你就回乡了？"

秀才如此这般说了一番，店老板听了笑着说："哟，我也会解梦的。我倒觉得，你这次一定要留下来。你想想，墙上种菜不是高种（中）吗？戴斗笠打雨伞不是说明你这次有备无患吗？跟你表妹脱光了背靠背躺在床上，不是说明你翻身的时候就要到了吗？"

秀才一听，觉得店老板的话更有道理，于是精神振奋地参加了考试，结果居然中了探花。

我不快乐，但不能让别人不快乐；我悲惨，但有人比我更悲惨；我郁闷，但我并不悲观。

同样是面对压力和挑战，为什么不换个眼光看生活？为什么不想象自己就是那个幸运的人？跟命运过招，不是很过瘾的事情吗？有什么样的心态就有什么样的未来，而决定心态的权力就掌握在我们自己手中。

别怕做最“傻”的员工

我曾经写过一本小说《博傻》，讲的是在职场中、在公司里，失败的员工不是因为不够聪明，而是因为不够“傻”。我们要知道，在这个世界上，没有谁会比谁傻，装聪明远远不如装傻更聪明。

> **聪明难，糊涂更难；装傻难，真傻更难。**

有很多员工年轻气盛，受不了委屈，遇到任何一点不公就想不开、闹情绪，甚至辞职不干。我认为，这不是有个性，也不是聪明的表现，而是真傻。聪明的人会怎么做呢？有人说，头三年学艺未精，只能看别人的脸色，这并不丢脸。有本事的人，三年后成为不可或缺的骨干，让别人看你的脸色，这样的员工才是聪明的员工。

我有一个朋友，刚进一家公司的时候趾高气扬，却经常受到老板的批评，很不服气，但是遭遇了一些挫折之后就学乖了。不论寒暑，他都自觉地把领带吊在脖颈上，说这样“好让焦躁的老板方便地拽紧它大声训斥”。他一心做公司里最“傻”的员工，但是结果呢？老板不仅很少再训斥他，反而越来越器重他。

再来说一个女研究生在前台实习的故事。

有一次，我所在的公司进行了一次招聘。有一个女研究生来应聘，经过初试和面试，她被录用了，被安排在前台实习三天。这是一个很难令人接受的安排，怎么说她也是研究生嘛。但是这个女研究生还是接受了这个工作。在实习的这三天里，我给她分配了一个任务，就是让她把公司去年的部分文件整理归类并在电脑里建档保存。过了两天，公司管理层突然做了一个新的决定，紧急通知暂停招聘新员工，实习的新员工也就地解散。很多参加实习的员工愤愤不平：“这不是耍我们吗？”他们纷纷丢弃手头的工作转身离去，只有那女研究生还在成堆的文件里忙碌着。我说：“真抱歉，白让你忙活了两天，你还是回去吧，以后也不用再来了！”她的回答让我非常震惊，她说：“您分配给我的任务刚做了一半，换成别人又要从头开始，不来上班也没关系，但是您让我把活儿干完再走吧，这样我心里才会踏实。”公司里的很多员工听到她的话都笑了，说这不是傻嘛。然而，就是这个“傻”女孩却给我留下了极深的印象。当她干完手里的活儿，安心地走出公司的时候，我突然做了一个决定：我要留下她。我向公司董事长建议一定要招聘这个员工，原因就在于她的“傻气”。这不是真的傻，这是责任感，是优秀员工的基本素质。她最后被招聘进来了，而且是唯一的一个。如今，她已经成了公司的部门经理，其“傻气”一如既往，但受到了公司上下的一致好评。

大智若愚，真诚会让我们赢得一切。

聪明的员工太多了，反而是“傻”员工难得。

比尔·盖茨在刚创办微软的时候，也经常为招聘员工而犯愁。由于创业初期事务繁杂，他特别需要一个秘书。第一任秘书是个年轻漂亮的女大学生，非常聪明也非常优秀，但是对任何事情都不闻不问，对公司的事情也很淡漠，是一个花瓶式的员工。比尔·盖茨非常失望，他对花瓶式的摆设没有兴趣，看重的是干练、稳重和能干。难道就没有更好的人选了吗？他翻阅了一些年轻女性的应聘资料，看后连连摇头。最终他选择了一个42岁的叫露宝的女性。她做过文秘、档案管理和会计员等工作，只是年纪太大，又有家庭拖累。但是比尔·盖茨认为，只要她能胜任公司的各种杂务而不厌其烦就行。

当时露宝已经是4个孩子的母亲了，她出来应聘时并没有寄予太大的希望，只是在长年操持家庭后希望重新走向社会，重新追寻自我的价值。露宝觉得这个公司的气氛有点古怪，与别的公司不同。一般的公司请秘书一定要年轻漂亮、身材苗条的女性，而自己这么大的年龄居然被录用，真是令人不可思议。更让露宝觉得不可思议的是，公司的董事长比尔·盖茨居然是一个21岁的大男孩。在刚入职的时候，她的丈夫还一度担心微软公司发不出工资来，但是露宝没有理会。她想，这么一个年轻人创办事业一定会遇到很多困难，一定会很不容易。于是她以一个母亲的心态，以一个成熟女性特有的缜密与周到，认真考虑起自己今后在这个年轻人的公司所应尽的责任与义务。关心比尔·盖茨在办公室的起居饮食，成了露宝日常工作的一项内容，这使比尔·盖茨感到了一种母性的关怀和温暖，减少了远离家庭而带来的种种不适感。比尔·盖茨也像对母亲一样对待他的这位雇员，压根儿就没考虑过再聘别人。

露宝把微软公司看成一个大家庭，对公司的每位员工、对公司里的每一项工作都有一份很深的感情。很自然，她成了微软公司的后勤总管，负责发放工资、记账、接订单、采购、打印文件等工作。露宝成了公司的灵魂，给公司带来了凝聚力，比尔·盖茨和其他员工都对她十分信赖。

后来微软公司决定迁往西雅图，但露宝因为丈夫在亚帕克基有自己的事业而不能走，比尔·盖茨对她依依不舍，留恋不已。比尔·盖茨、保罗·艾伦和史蒂夫·伍德联名写了一封推荐信，信中给予露宝的工作能力以很高的评价，露宝凭着这封推荐信，重找一份工作不成问题。临别时比尔·盖茨握住露宝的手动情地说："微软公司留着空位置，随时欢迎你。你快点过来吧！"

3年后，也就是1980年冬季的一个寒夜，西雅图的浓雾持续不散，因难觅得力人手而心情难舒的比尔·盖茨独坐在办公室发愁。这时，一个熟悉的嗓音伴着一个熟悉的身影来到他的面前："我回来了。"说这话的是露宝！她先是一个人从亚帕克基来到西雅图，后又说服丈夫举家迁来。

幼稚的人会为理想悲壮地去死，而成熟的人会为理想卑微地活着。

在微软这样一个新创办的公司里，露宝既无美貌，也无才华，甚至她所做的一切在很多人看来都有些"傻"。但就是这样一个最"傻"的员工赢得了盖茨最为真诚的尊重和信赖。

做一个"傻"员工，就要把大家最敷衍的事情做到最好；

做一个"傻"员工，就要对公司一心一意；

做一个"傻"员工，就不能意气用事，动不动就撂挑子不干，那样只能证明自己的失败；

做一个"傻"员工，就要学会做一个"受气包"。

忍耐是痛苦的，但回报是丰厚的。"傻"员工才是最聪明、最优秀的员工，他们会在合适的时间、合适的地点，做合适的事情；他们会控制自己的情绪，凡事都站在同事、团队、老板和公司的角度考虑问题；他们会尽职尽责，做好最平凡的工作，让那些平凡的工作成为公司的重点业务；他们会用人格的力量感染一切，成为公司的灵魂和凝聚力，成为公司不可或缺的关键员工。

强人强语

1. 激情是事业成功的一个基本前提，激情能提升能力、成就责任、锤炼执行力，激情是优秀员工的核心竞争力。

2. 工作并非只是为了获得金钱，最重要的是让自己在工作中获得快乐，在参与有意义的工作时感到受重视。

3. 要培养对工作的激情，一要用心做事，精益求精；二要将自己的爱好、真心和热情注入工作之中；三要决心坚定，意志坚强，极度专注；四要有对目标的强烈渴望。

4. “傻”员工精神：第一，把大家最敷衍的事情做到最好；第二，对公司一心一意；第三，尽职尽责，不意气用事；第四，甘做“受气包”。

感恩是生命的大智慧

感谢那些折磨你的人

成功的人生关键在于感恩

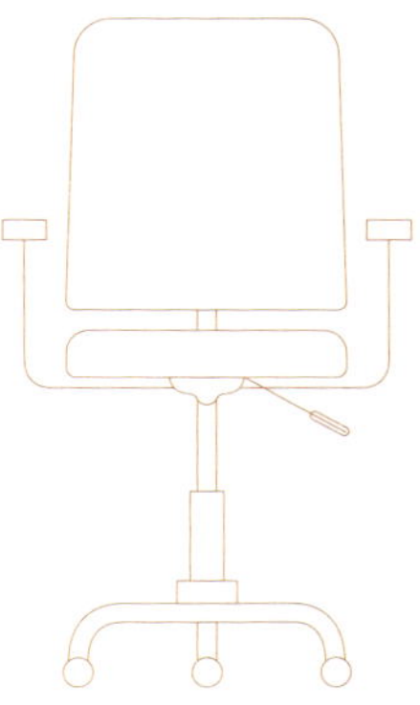

◎恨，是一种很容易传染的情绪。

◎心怀怨恨，没有持续的感谢、赞美，我们的头脑将变得空洞，心将变得晦暗，仿佛世界已经远离而去，只能认命地接受上帝的安排。

◎心中充满感恩时，就不会感到忧虑、生气、沮丧。感恩让我们的能力充分发挥，让消沉的意志恢复生气，让冲突变成和睦，让紧绷变得舒缓平和。

◎艳阳高照与风雨交加不可能同时存在，放弃嘲讽、怀疑和抱怨吧，成功的人生关键在于感恩。

感谢那些折磨你的人

生命中的每件事或每个人都给我们一个提升能量、演进自己、使自己向更高和更远处发展的机会。我们每处理一个个案，就会避免犯同样的错误，这也是生活给我们的奖励。

我们永远不会被别人伤害，除非我们伤害自己。我们也永远不会被出卖、被低估或被讨厌，除非我们先对自己这么做。

成功者往往是在巨大的折磨中诞生的，他们常常把折磨当作一种历练、一种激励、一种教训。

当我们遭受批评、伤害、欺负、背叛、欺骗、责罚和讽刺等折磨时，不要愤恨、抱怨，更不要以牙还牙。相反，我们要感谢那些折磨我们的人，因为他们增加了我们的智慧，激发了我们的斗志，强化了我们的双腿，让我们变得更加坚强。

如果你已是一个成功者，只要仔细回想一下，你就会发现，真正促使你进步、成功的，不单是你自己的能力，也不单是朋友和亲人的鼓励，更多的时候，是你的对手激发了你的潜能，促使你不断进步。折磨是成功的阶梯，是人生最好的老师。只要在折磨中看到积极的一面，一个人就会在折磨中走向成功。

感谢那些折磨我们的人，这不是阿Q式的精神胜利法，而是一种成长；这不是一种退缩，而是一种成熟；这也不是一种残酷，恰恰相反，这是成功最好的催化剂！道理很简单，折磨我们的人往往会磨炼我们的意志：这样当我们想放弃时，我们会抱着坚持下去的信念；当我们面对很多挫折时，我们会有更多不服输的精神……所以，如果说对我们好的人是在帮我们成功，那么折磨我们的人是在逼我们成功。

一个人往往是先被折磨，在折磨中积蓄了力量，然后才会创造人生的辉煌。下面这个故事印证了这一点。

用发自内心的微笑和别人打招呼，你会得到相同的回报。

别对现实生活过于苛求，常怀感激的心情。

艾柯卡曾是美国福特汽车公司的总经理，后来又成了克莱斯勒汽车公司的总经理。他的座右铭是："不怕遭遇折磨，往往是折磨让你奋力向前。"

1946 年，同每一个刚刚走向社会的人一样，年轻的艾柯卡在福特汽车公司只是一名普通的员工，后来他凭借自己的能力当上了福特公司的总经理。但是，几年之后，他却由于大老板亨利·福特的嫉妒而被开除了。当了 8 年的总经理、在福特工作已 32 年、事业一帆风顺的艾柯卡，突然间失业了。昨天他还是英雄，无数人对他顶礼膜拜，今天却好像成了传染病患者，人人都远远避开他，原来的同事、一向要好的朋友也都抛弃了他。他的妻子气得心脏病发作，女儿埋怨他无能。这是他生命中遭受的最大的打击。这种打击对艾柯卡来说无异于从珠穆朗玛峰坠入万丈深渊，几乎置他于死地。他愤怒、彷徨、苦闷，甚至想到自杀。但他最终没有向命运屈服，相反，他决心一定要活出样儿来，让那些人看看他的能力和价值。艾柯卡是这么想的，最后也是这么做的。他勇敢地接受了一个新的挑战：应聘到濒临破产的克莱斯勒汽车公司出任总经理。

上任后的艾柯卡大刀阔斧地对企业进行了整顿、改革，并以超群的智慧从政府那里取得了巨额贷款，使这个即将走向死亡的企业重振雄风。1983年8月15日，艾柯卡把面额高达8亿多美元的支票交到了银行代表手里。至此，克莱斯勒汽车公司还清了所有债务。而恰恰是5年前的这一天，亨利·福特开除了他。

艾柯卡的成功有很多假如，假如亨利·福特不开除他，假如同事和朋友不抛弃他，假如妻子、女儿不埋怨他……假如当初艾柯卡在遭遇无情解雇后不能勇敢地重新站起来，而是一味沉浸在悲痛和绝望之中，在巨大的打击面前一蹶不振，也许历史上就不会出现辉煌的克莱斯勒汽车公司。很显然，一个人在饱受折磨的背后隐藏着未来的成功。折磨也是人生需要的，它和成功一样有价值。

因此，要感谢那些折磨你的人。要知道，是伤害你的人让你变得坚强，是欺骗你的人让你学会了辨别，是欺负你的人让你明白了抗争，是批评你的人让你有了进步，是讽刺你的人让你有了动力……

感谢折磨你的人是一种心态，可以说是一个人成熟的标志。如果有一天你能对曾经折磨过自己的人说“谢谢”，那是一种超越，一种洒脱，更是一种升华！此刻，我突然想起康熙皇帝在他生命的最后一个寿宴上敬的三盅酒：一敬天，二敬地，三敬曾经与他为敌的人。

遗忘令你不快乐的事，原谅令你不快乐的人。

身在福中能知福，亦能忍受坏的际遇，且不忘记宽恕。

人要是惧怕痛苦、惧怕折磨、惧怕不测，那他的一生就只剩下“逃避”二字，成就不了什么大事业。其实每一次折磨与伤害，都会磨炼我们，促使我们成长、成熟。

感谢折磨你的人关键不在于受到什么折磨，而是被折磨之后得到什么。接受折磨并不难，但接受折磨之后如何善加利用，那才是真正的困难。泪水和抱怨终究无济于事！别再埋怨那些折磨你的人了，抹干眼泪，竭尽所能去面对眼前的情况吧！唯有坚强的信念，才能激发生命的热情与对梦想的坚持；唯有自信心，才能让我们靠着自己的力量，建筑起坚固的信念。再艰难也不要放弃心中的信念！

成功的人生关键在于感恩

在这么多年的职场生涯中，我在很多公司工作过，也交往过很多老板。无论是百龙绿色科技企业总公司总裁孙寅贵先生、中山名人电脑科技有限公司董事长佘德发先生，还是广东格兰仕集团有限公司董事长梁庆德先生、婷美集团保健科技有限公司董事长周枫先生，至今为止都与我保持着很好的友情。他们是我的前辈、老师和兄长，我在心底一直保留着对他们的感激之情。我今天所取得的微薄的成绩与他们的赏识和帮助是分不开的。

感恩是一种处世哲学，也是生活中的大智慧。有智慧的人不会斤斤计较，不会一味索取，而会为自己已有的而感恩，会感谢生活的赠予。这样的人会始终保持积极的人生观，拥有健康的心态。

在生活和工作中，我们常说“谢谢”“对不起”“是我错了”，这些都是一颗感恩心的体现。对于员工来说，更要学会感恩。

首先，要感谢老板和公司。我们常对陌生人的帮助感激不尽，却对老板和公司的种种恩惠视若无睹。老板和公司是衣食父母，是需要感谢的，在利益交换和契约的背后，还有人心、人情和友谊。感恩是一种基本的道德。

其次，要感谢同事的帮助。一个人的成功除了离不开自己的努力之外，也离不开别人的帮助。这些人的帮助是上天对我们的眷顾，没有他们的支持，我们的目标就很难付诸行动并取得成功。对于他们，不要吝惜自己的感谢，一定要大声说出来，并且要经常说，让他们知道你对他们的信任和感激。

最后，要感谢父母。父母是我们心灵的港湾，没有他们的呵护，我们的委屈无处诉说，我们的漂泊将变得无所依托。

羔羊跪乳，乌鸦反哺，动物尚且知道感恩，何况是人？“一粥一饭，当思来之不易；半丝半缕，恒念物力维艰。”（出自朱柏庐的《朱子家训》）懂得感恩，才会懂得生活。

感恩是发自内心的感激，不是虚情假意、溜须拍马。感恩是不求回报的。由于感恩，我们才不怕流言蜚语，才不会费尽心机，才会心中坦荡。感恩让我们变得谦卑，让我们变得从容和高尚，让我们能够忘却失败的沮丧，尽情享受成长的喜悦，心情愉快而积极。

带着一双感恩的眼睛，老板会变得慈善，同事会变得友善，客户会变得默契，成功会变得容易。

我年轻的时候创业，既没有资本，也没有后台，唯一的优点就是我对得起朋友，对待身边的朋友从不吝惜我的能力，能帮就帮。有一次做生意失败，我到处躲债。当时，我欠了南方一个印刷厂老板 20 万元。后来，这个老板到了北京，给我发传呼，呼机都响爆了，我也不敢回电话。过了三天，我收到那个老板的一条信息："我不是来找你要账的，我知道你日子不好过，我也经历过这样的失败。钱不要了，就想找老弟喝喝酒。"我犹豫了半天，不知道他到底有没有耍花招，最后还是壮着胆子去见他了。谁知道，见面以后，关于还钱的事他一句话没提。我心里还是没底啊，一个劲儿向他道歉，保证有了钱马上还。我们喝了一下午的酒，慢慢喝得酒酣耳热了，那个老板当场又拿出支票，填了10万元硬塞给我。

我一直特别感激那个老板。如果没有他，很可能就没有我的今天。后来我特别喜欢和南方人做生意，大家都认为南方人过于精明，可我觉得他们遵守商业规则、讲信义，合作起来爽快。

穷，并快乐着；富，并快乐着；生活，并快乐着。

当然，话说回来，能有朋友在关键时刻提供帮助也和自己平时的做人有关系。心理学家说，人与人之间存在"互酬互动效应"；也就是说，你如何对别人，别人也会用同样的方式给予你回报。所以说，人要学会感恩。

感恩是一种处世哲学，是每个人和生活最好的沟通方式。有大智慧的人，一定不是斤斤计较、睚眦必报的。你以什么样的态度面对生活，生活就会给你什么样的回馈：是怨天尤人，还是积极乐观？是自以为是，还是心存感激？

自以为是的人只觉得自己好，看不到生活中美好的东西，也看不到别人的付出。其后果无非两种：一种是更容易觉得周围世界存在缺陷，一旦发现这缺陷不是一己之力能补救的，就会觉得人生难以把握，做什么都没有意义，就会陷入虚无主义；另一种就是更觉得自己好，到一定地步就觉得“举世皆浊而我独清”，最后变成孤家寡人，或者愤青。

别等到把所有考试都考完再快乐，别等到拥有完美的身材再快乐，别等到拥有心仪的跑车再快乐，别等到找到爱妻再快乐，别等到死了或下辈子再快乐……别等到一切愿望都实现了再快乐。

被称为“推销之神”的日本人原一平，在谈到他的奋斗史时特别提到感恩。原一平的感恩思想非常丰富，可以说是一个感恩系统，包括“社恩”“佛恩”和“客恩”。“社恩”是对公司的感激，“佛恩”是对公司董事长的感激，“客恩”是对参加保险的客户和同事的感激。在中国人看来，原一平的感恩已经到了不可理解的地步：为了表达对公司栽培的感激，他晚上睡觉都不敢把脚朝向公司的方向。

原一平的“社恩”“佛恩”“客恩”被称为“三恩主义”。日本人非常推崇这个“三恩主义”。不过我觉得，中国人未必要学习原一平的那种感恩，没有必要谦卑到降低自尊的地步。感恩是为了有一种平和的心态，为了更接近幸福。说白了，不过是要我们多看看别人的付出，少一点患得患失而已。

唱歌吧，就像不被聆听一样；跳舞吧，就像无人欣赏一样；去爱吧，就像不曾受伤一样；工作吧，就像无须报酬一样；生活吧，就像今天是末日一样。

婷美集团的老总周枫是一个富有传奇色彩的人物。他年轻的时候下乡睡过60多人一间的大房子，饿得吃过狼肉，亲眼看过同去的朋友被砍倒的树砸死。那时候他还是20多岁的小青年，亲眼看过生离死别，亲身体验过理想和现实的巨大落差，心里苦闷不已。返城后，他做了10年营业员，后来靠300万元起家，把“婷美”做成了全国第一个塑身内衣品牌。每次聊起那10年下乡的经历，周枫都颇有感慨，感叹当时的生活艰苦，但最后他总是会说：“感觉那10年的历练，确实使人能用自己的眼睛看人生，不再人云亦云。另外来讲，正像说的那样，有了这碗酒垫底，什么样的苦难都不在话下，所以现在平均每天工作15个小时都不觉得累。”

所以说，是否懂得感恩标志着一个人是否成熟。

不感恩是人性的“癌症”。中国有句老话叫“知恩图报”，讲究“受人滴水之恩，当以涌泉相报”，我觉得这话说得特别好。对美好事物心存感激，不计较蝇头小利，认定别人帮助的价值，身心和灵魂才能有一种超凡脱俗之感。

我一直这么想，要是一个人就把苦难认为是苦难，那他注定要经受更多的苦难。有大智慧的人，懂得用放大镜看美好的东西，用缩小镜看苦难的东西。

我年轻的时候做记者，特别羡慕武侠小说里的江湖，能够快意恩仇。但是进入了商界，我发现一颗感恩的心带来的快乐远远大于有仇必报。即使在残酷的商战里，多一些感恩，交锋也能成为一种享受。实力相当的对手，刀光剑影，见招拆招，不也能带来快乐吗？

强人强语

1. 人要是惧怕痛苦，惧怕折磨，惧怕不测的事情，那么他的一生就只剩下“逃避”二字，而成就不了什么大事业。

2. 成功者往往都是在巨大的折磨中诞生的，他们常常把折磨当作一种历练，一种激励，一种机会。

3. 如果说对我们好的人是在帮我们成功，那么折磨我们的人是在逼我们成功。

4. 泪水和抱怨终究无济于事！别再抱怨那些折磨你的人了，抹干眼泪，竭尽所能去面对眼前的情况吧。

5. 带着一双感恩的眼睛，老板会变得慈善，同事会变得友善，客户会变得默契，成功会变得容易。

6. 心怀感恩的人对美好的事情心存感激，不计较蝇头小利，承认别人帮助的价值。

后
记

拥有“下下签心态”

春节期间，我和几个朋友到北京附近的潭柘寺烧香抽签。一个朋友抽到了下下签，脸色变得很难看。我想安慰他，但又不知道说什么好。来到解签处，一位仙风道骨的老者拿签看了一下，也是半天没说话。朋友急了，就问：“师父，是不是签太差了？要不我重抽一次吧？”老者说：“不用，重抽的不灵。”朋友更急了：“那怎么办？我是不是要倒霉？”于是老者和朋友有了下面一段对话：

“你有工作？”

“有。”

“今年会下岗？”

“肯定不会。”

“你有病？”

“没有，身体好着呢。”

“有感情纠葛？”

“没有，我老实着呢。”

“家里有人出事？”

“没有。身体都很好。”

“那你急什么呢？如此说来，这就是好签！”

朋友非常困惑，怎么下下签经老者一说就成好签了呢？老者解释道：“你看刚才抽签的那个人，是一个农民，他抽了一个上上签。对于一个农民来说，上上签又能怎么样呢？即使他鸿运当头，无非也就是多打几斤粮食，蔬菜卖个好价钱。像这样的上上签我这里一天有几十个，他们的命运早就被规定好了，上上签也改变不了什么。你想想，一个乞丐即使抽了上上签，充其量也就能解决温饱。”

上上签不见得是最好的签，物极必反，否极泰来。就像股市一样，势头好的时候，未必所有的人都能赚到钱；势头不好的时候，也未必大家都赔钱。人生总是有赔有赚。

抽到下下签并不可怕，抽到上上签也并不可喜，关键要有一个“下下签心态”。如果有一个“下下签心态”，当你从乞丐变成皇帝，从农民变成富豪的时候，你才会心态自若；反之，假如总是抱着一种求上上签的心态，当你从皇帝变成乞丐、从富豪变成农民的时候就会崩溃。

我们有一份稳定的工作、有一个好的身体、有相爱的人、有和睦的家庭，这就是上上签的一切。珍惜当下的生活，才能享受快乐的人生。

“下下签心态”是不好高骛远，做员工就做一个好士兵，不用总想着当将军。

“下下签心态”是做一个优秀的自己，而不是模仿、羡慕和嫉妒那些成功的人。

“下下签心态”是要有一颗美丽的心灵。沙漠中有两种鸟：一种是兀鹰，整天寻找腐烂的尸体；一种是蜂鸟，到处寻找漂亮的花朵。“兀鹰型”员工负面、消极、悲观，而“蜂鸟型”员工正面、积极、乐观。心想事成。

“下下签心态”是一种平常心。凡事站在别人的角度考虑问题，体谅别人的感受；让自己去适应环境，而别乞求环境来适应自己；低调做人，少说多做，不要眼高手低；信守诺言，勇于承担责任。

“下下签心态”是一种欢喜心。好事要往坏处想，坏事要往好处想。

“下下签心态”是一种慈悲心。不与人为敌，对事不对人，做人第一，做事第二。

“下下签心态”是一种感恩心。在命运面前，在人生之中，没有糟糕的过去，也没有美好的未来，只有真实的“当下”。感谢你所爱的人，无论他（她）多么乏味无聊；感谢你当下的工作，无论它让你多么疲惫；感谢你身处的公司，即使它伤透了你的心。没有爱人，生命就是漂浮的；没有工作，生活就不会有所依托；而离开了公司，你终将什么都不是！